ANAYA | **E**SPAÑOL **L**ENGUA **E**XTRANJERA

vocabulario

D1717844

Marta Baralo
Marta Genís
M.ª Eugenia Santana

Elemental A1-A2

ANAYA ñ
ELE

2.ª reimpresión: 2010

Diseño del proyecto: Milagros Bodas, Sonia de Pedro

© Del texto: Marta Baralo, Marta Genís, M.ª Eugenia Santana
© De esta edición: Grupo Anaya, S.A., 2008
   Juan Ignacio Luca de Tena, 15 - 28027 Madrid

Depósito legal: M-24.641-2010
ISBN: 978-84-667-7756-8
Printed in Spain
Imprime: Huertas Industrias Gráficas, S.A.

Coordinación y edición: Milagros Bodas, Sonia de Pedro
Diseño de interiores y maquetación: Ángel Guerrero
Ilustración: Alberto Pieruz
Diseño de cubierta: Fernando Chiralt
Corrección: Consuelo Delgado

Las normas ortográficas seguidas en este libro son las establecidas por la Real Academia Española
en su última edición de la *Ortografía,* del año 1999.

RESENTACIÓN

Anaya ELE en es una colección temática diseñada para aunar teoría y práctica en distintos ámbitos de la enseñanza de Español como Lengua Extranjera. Su objetivo es ofrecer un material útil donde la teoría se combine de forma coherente con la práctica y permita al alumno una ejercitación formal y contextualizada a través de actividades amenas y variadas, teniendo en cuenta siempre el uso de los contenidos que se practiquen.

Esta colección se inició con un libro dedicado a los **verbos,** un **referente** destinado a estudiantes de todos los niveles.

Anaya ELE en es una serie dedicada a la **gramática,** al **vocabulario** y a la **fonética,** estructurada en tres niveles siguiendo los parámetros del *Plan Curricular del Instituto Cervantes (2007).*

Este vocabulario se inicia con la representación gráfica de un tema y continúa con una serie de ejercicios variados.

ESTRUCTURA DE LA UNIDAD

Cada unidad consta de:

- **¡Fíjese!** Viñeta que ilustra una selección de palabras del tema que se estudia.

- **Frases útiles.** Se presenta el vocabulario en una serie de enunciados que contienen parte de los términos ilustrados.

- **Palabras en contexto.** Actividad que trabaja, a partir de un texto, palabras del campo semántico de la unidad.

- **Ejercicios.** Serie de actividades variadas.

PARTES DEL LIBRO

- Introducción.
- Unidades.
- Test de autoevaluación.
- Soluciones.
- Glosario alfabético. Listado de los términos estudiados, seguidos de línea de puntos, con el fin de que el alumno escriba la traducción a su idioma correspondiente.
- Glosario temático. Siguiendo la estructura del *Plan Curricular del Instituto Cervantes,* se ofrece un índice de materias que recoge los términos clasificados por temas, indicando, además, la unidad donde se trabajan.

En todos los manuales se incluyen las **soluciones** de los ejercicios; de esta forma se constituye en una herramienta eficaz para ser utilizada en el aula o como **autoaprendizaje**.

Anaya ELE en pone al alcance del estudiante de español como lengua extranjera un material de trabajo que le sirve de **complemento a cualquier método**.

ÍNDICE

	INTRODUCCIÓN	7
1	PAÍSES Y NACIONALIDADES	14
2	SALUDOS Y CORTESÍA	18
3	LOS NÚMEROS CARDINALES Y ORDINALES I	22
4	LOS NÚMEROS CARDINALES Y ORDINALES II	24
5	DÍAS DE LA SEMANA, MESES Y CELEBRACIONES	26
6	LAS HORAS	30
7	OBJETOS Y ACCIONES DEL AULA	34
8	FENÓMENOS ATMOSFÉRICOS	38
9	LAS ESTACIONES	42
10	ANIMALES Y PLANTAS	46
11	ACCIDENTES GEOGRÁFICOS	50
12	ACCIONES COTIDIANAS	54
13	LOS MIEMBROS DE LA FAMILIA	58
14	LA DESCRIPCIÓN FÍSICA	62
15	EL CARÁCTER	66
16	LAS PROFESIONES I	70
17	LAS PROFESIONES II	74
18	LA OFICINA	78
19	EL CUERPO Y LA HIGIENE PERSONAL	82
20	EN EL CENTRO DE SALUD	86
21	LOS ALIMENTOS I	90
22	LOS ALIMENTOS II	94

23 Utensilios de cocina y mesa 98

24 En el restaurante 102

25 Partes de la casa 106

26 En casa I: la cocina 110

27 En casa II: el salón 114

28 En casa III: el cuarto de baño 116

29 En casa IV: el dormitorio 120

30 La ropa 122

31 Complementos y calzado 126

32 La ciudad 130

33 Medios de transporte I 134

34 Medios de transporte II 138

35 Medios de transporte III 142

36 En el hotel 146

37 Aficiones y espectáculos 150

38 Deportes 154

39 Internet 158

40 El teléfono 162

Test autoevaluación 165

Soluciones 170

Glosario alfabético 184

Glosario temático 197

INTRODUCCIÓN

*«El conocimiento del vocabulario hace posible el uso del lenguaje,
el uso del lenguaje hace posible el enriquecimiento del vocabulario,
el conocimiento del mundo hace posible el enriquecimiento
del vocabulario y del uso del lenguaje, y así sucesivamente.»*
Paul Nation, 1993

«El léxico es la base del lenguaje.»
Michael Lewis, 1993

«Más vale una palabra a tiempo que cien a destiempo.»
Cervantes

Para hablar, escribir, escuchar, leer o traducir, el usuario de una lengua (el estudiante de español) tiene que llevar a cabo una secuencia de acciones realizadas con destreza. Debe ser capaz de planear y organizar un mensaje, y de formular un enunciado lingüístico hablando o escribiendo. Como oyente o lector debe saber percibir el enunciado, identificar el mensaje lingüístico, comprender el mensaje e interpretarlo según la situación comunicativa en la que se encuentre.

Para conseguir realizar con éxito todas estas actividades de comunicación, necesita conocer palabras en la lengua en que se expresa, y lo que más suele faltar en una lengua extranjera es justamente la palabra precisa en el momento preciso. Si no sabemos una palabra, si no encontramos la palabra que necesitamos o si la "tenemos en la punta de la lengua", no conseguimos ser eficaces en la comunicación.

Conocer una palabra o una unidad léxica formada por más de una palabra es un proceso complejo y gradual en el que se aprende no solo la forma y el significado, sino también una intrincada red de relaciones formales y semánticas entre ese ítem y otras palabras. El conocimiento de una palabra es una representación mental de gran complejidad, que integra diferentes aspectos y componentes cognitivos, algunos más automáticos e inconscientes y otros más conscientes, reflexivos y basados en la propia experiencia.

¿QUÉ SIGNIFICA SABER UNA PALABRA?

Cuando conocemos una palabra sabemos distintos aspectos asociados a ella, además de su forma y de su significado. Podemos esquematizar ese conocimiento, atendiendo a la forma, al significado y al uso de la palabra, tanto en la lengua oral como en la escrita, como emisor y como intérprete. Ese conocimiento se manifiesta, aproximadamente, en las siguientes preguntas:

- ¿Cómo suena?, ¿cómo se pronuncia?, ¿cómo se escribe?

- ¿Qué partes se reconocen en ella?

- ¿Qué significados señala la forma de la palabra?

- ¿Qué palabra puede usarse para expresar el significado?

- ¿Qué está incluido en el concepto?

- ¿A qué otras palabras nos recuerda?, ¿qué otras palabras podría usar en su lugar?

- ¿Qué otras palabras o tipos de palabras aparecen con ella?, ¿qué otras palabras pueden / deben usarse con ella?

- ¿Dónde, cuándo, con qué frecuencia se puede encontrar o usar esa palabra?

El conocimiento léxico se halla relacionado –tejido en una red– con otros componentes de la mente, interrelacionados entre sí en los procesos de reconocimiento de la palabra y de su recuperación de la memoria cuando la necesitamos en un acto comunicativo.

LA COMPETENCIA LÉXICA

A diferencia de lo que ocurre con la gramática de una lengua, el conocimiento léxico se encuentra directamente relacionado con el conocimiento de los hechos y con el conocimiento del mundo, que comprende:

- lugares, instituciones y organizaciones, personas, objetos, acontecimientos, procesos e intervenciones en distintos ámbitos, particularmente del país o países en que se habla el idioma; por ejemplo, sus principales características geográficas, medioambientales, demográficas, económicas y políticas;

- clases de entidades (concretas y abstractas, animadas e inanimadas, etc.) y sus propiedades y relaciones (espacio-temporales, asociativas, analíticas, lógicas, de causa y efecto);

- conocimiento sociocultural de la comunidad, que se puede relacionar, por ejemplo, con la vida diaria; sus condiciones; las relaciones personales, los valores, las creencias y las actitudes, el lenguaje corporal, las convenciones sociales, el comportamiento ritual, la conciencia intercultural.

Relacionado directamente con el aprendizaje léxico, hay otro componente importante que tiene que ver con las destrezas y las habilidades para comunicar del estudiante, con sus estrategias para aprender, con sus actitudes, motivaciones, valores, creencias, estilos cognitivos o con aspectos de su personalidad.

Para la realización de las intenciones comunicativas, los usuarios de la lengua o los alumnos ejercen sus capacidades generales junto con una competencia comunicativa más específicamente relacionada con la lengua, que está constituida en esencia por palabras que se combinan en oraciones, que constituyen un texto o discurso.

Las autoras de este libro hemos intentado facilitar la tarea de los que aprenden español, tomando decisiones sobre qué elementos léxicos podrá reconocer y utilizar el estudiante en cada nivel de dominio de la lengua.

LOS DESTINATARIOS

Anaya ELE 🔵 **Vocabulario** está pensado para el estudiante de español como lengua extranjera que quiera mejorar su competencia comunicativa hasta llegar a un determinado nivel de dominio. Nos dirigimos a una persona que puede **aprender con autonomía,** gestionando su tiempo, su ritmo de trabajo y su dedicación. También puede seleccionar aquellos temas de mayor interés para ampliar su riqueza léxica, así como controlar su progreso gracias a las soluciones que acompañan a los ejercicios y a las pruebas de autoaprendizaje finales.

El manual también puede ser **útil para profesores de español,** bien como fuente de recursos para la elaboración de su programación didáctica, bien como herramienta de aprendizaje en una clase convencional o como material complementario. El profesor puede tener la certeza de que su alumno podrá complementar y afianzar el léxico de las unidades didácticas de su programa, con ejemplos claros de uso de las palabras y expresiones nuevas en un contexto de lengua estándar, claro, graduado y elaborado a partir de la experiencia docente de las autoras.

LOS NIVELES

Para aprender mejor el léxico es importante que esté organizado por niveles de dificultad. Este vocabulario sigue los parámetros establecidos por el **Plan curricular del Instituto Cervantes (2007)** y ha tenido en cuenta su inventario al establecer los tres niveles, siguiendo las sugerencias marcadas por los expertos: partimos de los temas más concretos y más cercanos al individuo para continuar con sus relaciones familiares y sociales, su vida cotidiana, su entorno de trabajo, y vamos ampliando los temas y tratándolos con mayor precisión y riqueza léxica hasta tocar campos más abstractos y complejos del ámbito de la política, las artes, las ciencias, la economía, entre otros.

Las decisiones para elegir el léxico de cada nivel y para ordenarlos por temas, con textos fáciles y claros para que el estudiante entienda y practique las palabras y expresiones nuevas, no han sido fáciles, pero siempre hemos hecho prevalecer el criterio didáctico y práctico, basado en la frecuencia y en la rentabilidad comunicativa.

Asimismo, hemos considerado las dificultades graduales a las que se enfrenta un estudiante extranjero a la hora de aprender el vocabulario que ha de integrar en las actividades comunicativas en español. La competencia léxica es un proceso de gran complejidad en el que se construyen redes formales y semánticas entre palabras y unidades complejas, que facilitan su reconocimiento y su recuperación para su aplicación en situaciones comunicativas de la vida diaria.

Los ejercicios que se proponen tienen como objetivo facilitar el uso del léxico en contextos reales de comunicación para conseguir la integración de los términos y expresiones nuevas como vocabulario activo del estudiante. El aprendizaje del vocabulario y su uso se consiguen con el desarrollo de las destrezas de comprensión y expresión escrita, por lo que hemos alternado la presentación de las palabras nuevas mediante dibujos con su uso en contexto, destacando aquellas unidades que son esenciales en el campo léxico y semántico del tema.

En cuanto a las **variantes léxicas,** dada la gran diversidad de palabras que pueden emplearse para un mismo objeto en las diferentes regiones en las que se habla español, tanto en Hispanoamérica como en España, hemos optado por proponer casi siempre solo el vocabulario de la variedad centro-norte peninsular española. No obstante, en algunos casos, hemos incluido algunas variantes del español en Hispanoamérica. Los usuarios de este libro en otras áreas de la lengua española tendrán que hacer las adaptaciones necesarias a su variedad.

Este libro, organizado por temas de comunicación en los ámbitos personal, profesional y social, ofrece actividades variadas, cada una dedicada a desarrollar diferentes aspectos del conocimiento léxico.

Nuestro deseo es que, gracias al trabajo con las unidades léxicas de este manual, la comunicación en español sea más precisa, más clara, más correcta, más eficaz y más placentera.

Las autoras

Vocabulario

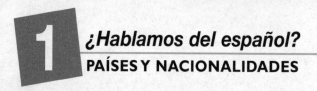

1 ¿Hablamos del español?

PAÍSES Y NACIONALIDADES

¡ FÍJESE !

FRASES ÚTILES

¿Cómo te llamas?

¿De dónde eres?

¿Cuál es tu nacionalidad?

Yo me llamo Juan. Soy español.

Me llamo Diego Armando. Soy argentino.

Mi nombre es Fidel y soy cubano.

Me llamo María. Soy de Filipinas.

EJERCICIOS

PALABRAS EN CONTEXTO

1 Lea este texto y subraye la forma correcta.

Isabel es **hondureño** / **hondureña** y vive en Tegucigalpa, la capital de Honduras. Ahora está visitando en Madrid a su amigo Juan, que es **español** / **española.** Su compañero de piso, Manuel Antonio, es **dominicano** / **dominicana** y su novia Jessica es **costarricense** / **costarricensa,** y están en España porque quieren conocer Madrid. Elena, que es **panameño** / **panameña,** los ha conocido en una visita guiada al Museo del Prado, y también a Marta Elena, que es **nicaragüense** / **nicaragüensa** y a Héctor, que es **chileno** / **chilena.** Ahora todos son amigos.

2 Escriba el país correspondiente a las nacionalidades.

Nacionalidad	País
1. paraguayo / -a	....
2. chileno / -a	....
3. mexicano / -a	*México*
4. dominicano / -a	....
5. argentino / -a	....
6. español / -a	....
7. nicaragüense	....
8. costarricense	....
9. uruguayo / -a	....
10. salvadoreño / -a	....
11. ecuatoriano / -a	....

3 Escriba los adjetivos de nacionalidad correspondientes.

Nacionalidad	País
1.	Filipinas
2.	Honduras
3.	Guinea
4.	Cuba
5. ......*panameño / panameña*......	Panamá
6.	Bolivia
7.	Guatemala
8.	Puerto Rico
9.	Venezuela
10.	Perú
11.	Colombia

4 Complete.

1. Nosotros somos (México) ....*mexicanos*.......

2. Ellos son bolivianos. Son de ....

3. Germán es (Costa Rica) .... y María es (Brasil) ....

   Él es de .... y ella ....

4. Tomás vive en Cuba pero nació en España. Es ....

5. Los hijos de Gabriela nacieron todos en Perú. Son ....

6. Susana es de Paraguay pero sus padres no son (Paraguay) ...., son
   (Argentina) ....

5 Escriba la nacionalidad de estos personajes famosos.

Jorge Luis Borges

1

....

Fidel Castro

2

....

Frida Kahlo

3

....

Shakira

4

....

Ricky Martin

5

....

2 ¿Cómo se saluda?
SALUDOS Y CORTESÍA

i FÍJESE!

Hola

Adiós

Buenos días

Dar un beso

Buenas noches

Mucho gusto, encantado
de conocerle

Dar la mano

Dar un abrazo

F RASES ÚTILES

Hola, buenas tardes, ¿en qué puedo ayudarle?

Hasta mañana. Que descanses.

Encantado de conocerte.

–¿Cómo estás?

–Bien, gracias, ¿y usted?

EJERCICIOS

PALABRAS EN CONTEXTO

1 **Lea el siguiente diálogo.**

VÍCTOR: **Buenos días,** Paco. ¿Cómo está usted?

PACO: **Muy bien, gracias.** Mire, le presento a Leonor. Hoy empieza a trabajar con nosotros.

VÍCTOR: **Tanto gusto. Encantado de conocerla.**

LEONOR: **Igualmente.**

VÍCTOR: **¿Perdón?**

LEONOR: Que **el gusto es mío.**

VÍCTOR: ¡Ah! **Disculpe.** Es que estoy un poco sordo.

PACO: **Por favor,** Víctor, ¿podría usted mostrarle a Leonor nuestra oficina?

VÍCTOR: **Con mucho gusto.**

PACO: **Muchas gracias.**

VÍCTOR: **De nada.** Acompáñeme, Leonor. **Adiós,** Paco.

PACO: Adiós.

2 **Relacione las dos columnas.**

1. –Hola.
2. –Buenos días, ¿cómo estás?
3. –Mucho gusto.
4. –Buenas noches.
5. –Adiós.

a) –Bien, gracias, ¿y tú?
b) –El gusto es mío.
c) –Hola, ¿qué tal?
d) –Hasta pronto.
e) –Hasta mañana.

3 **Complete las siguientes expresiones.**

1. P _ r f _ v _ _
2. P _ _ _ ó _
3. _ _ _ ta _ _ ñ _ n _
4. ¿Q _ é t _ l?
5. C _ n m _ _ _ o _ u _ t _
6. B u e n o s d í a s
7. E _ c _ _ _ _ do
8. D _ n _ _ a

4 Relacione las acciones con las situaciones.

1. Dar un abrazo.

2. Dar la mano.

3. Dar un beso.

a) Se despide de un cliente nuevo.

b) Se encuentra con su madre.

c) Llega al aeropuerto y lo espera un amigo.

5 Seleccione el saludo más adecuado en las siguientes situaciones.

1. Cuando alguien llega tarde a una reunión.

a) –Buenas tardes, ¿qué tal está?

b) –Tanto gusto.

c) –Hola. Disculpen, por favor, he perdido el tren.

2. Se encuentra con un compañero de trabajo y este le presenta a la persona que va con él. Usted le da la mano y responde:

a) –Muchas gracias.

b) –Encantado de conocerlo.

c) –Muy bien, gracias.

3. Está en un hotel con unos amigos y se despide para irse a dormir.

a) –El gusto es mío.

b) –Buenas noches. Hasta mañana.

c) –¿Cómo estás?

6 Clasifique las siguientes expresiones en el lugar correspondiente.

> hasta luego / hasta pronto / ¿qué tal? / buenos días / disculpe / adiós /
> muchas gracias / tanto gusto / hasta mañana / hola, ¿cómo estás? /
> buenas tardes / por favor

SALUDOS	DESPEDIDAS	CORTESÍA

7 Complete el siguiente texto con las expresiones del recuadro.

> ¿Cómo está usted? / Hola / Muy bien / Disculpe / Hasta luego / Muchas gracias

Profesor: ...., Pedro.

Pedro: Buenas tardes, profesor, ...

Profesor: ....Ya he terminado las clases de hoy.

Pedro: ...., ¿puede ayudarme a preparar el examen?

Profesor: Sí, claro, esta tarde.

Pedro: ...., profesor. ....

¿Te gustan los números?
LOS NÚMEROS CARDINALES Y ORDINALES (I)

FÍJESE!

Cardinales

1	uno	16	dieciséis	31	treinta y uno/-a	100	cien
2	dos	17	diecisiete	32	treinta y dos	101	ciento uno/-a
3	tres	18	dieciocho	33	treinta y tres	102	ciento dos
4	cuatro	19	diecinueve	34	treinta y cuatro	200	doscientos/-as
5	cinco	20	veinte	35	treinta y cinco	300	trescientos/-as
6	seis	21	veintiuno/-a	36	treinta y seis	400	cuatrocientos/-as
7	siete	22	veintidós	37	treinta y siete	500	quinientos/-as
8	ocho	23	veintitrés	38	treinta y ocho	600	seiscientos/-as
9	nueve	24	veinticuatro	39	treinta y nueve	700	setecientos/-as
10	diez	25	veinticinco	40	cuarenta	800	ochocientos/-as
11	once	26	veintiséis	50	cincuenta	900	novecientos/-as
12	doce	27	veintisiete	60	sesenta	1.000	mil
13	trece	28	veintiocho	70	setenta	1.001	mil uno/-a
14	catorce	29	veintinueve	80	ochenta	2.000	dos mil
15	quince	30	treinta	90	noventa	2.002	dos mil dos

Ordinales

EJERCICIOS

PALABRAS EN CONTEXTO

1 Lea las siguientes operaciones aritméticas.

$2 + 2 = 4 \rightarrow$ dos y dos son cuatro.

$10 - 7 = 3 \rightarrow$ diez menos siete son tres.

$8 \times 3 = 24 \rightarrow$ ocho por tres son veinticuatro.

$100 : 4 = 25 \rightarrow$ cien dividido por cuatro son veinticinco.

2 Escriba y resuelva las siguientes operaciones aritméticas.

a) $4 + 8 =$ ....

b) $73 + 8 =$ ....

c) $3 - 3 =$ ......*tres menos tres, cero*......

d) $400 : 10 =$ ....

e) $9 \times 4 =$ ....

f) $100 - 35 =$ ....

g) $175 - 82 =$ ....

h) $456 \times 2 =$ ....

i) $1.000 : 25 =$ ....

j) $2.050 - 75 =$ ....

k) $674 + 324 =$ ....

l) $999 - 1 =$ ....

3 Mire los siguientes buzones y escriba con letra en qué piso vive cada vecino.

1. Susana Pérez vive en el .... piso.
2. Los Sres. de Alameda viven en el ...*noveno*... piso.
3. Víctor Valverde vive en el .... piso.
4. La familia Abreu vive en el .... piso.
5. Fátima Cuesta vive en el .... piso.
6. Vanesa Lorenzo vive en el .... piso.
7. Manuel Cerca vive en el .... piso.
8. Los Sres. de Marrero viven en el .... piso.
9. La consulta del dentista está en el .... piso.
10. El portero vive en el .... piso.

4 ¿Cuál es tu número de la suerte?

LOS NÚMEROS ORDINALES Y CARDINALES (II)

¡FÍJESE!

3.000	Tres mil
4.005	Cuatro mil cinco
5.356	Cinco mil trescientos/-as cincuenta y seis
6.071	Seis mil setenta y uno /-a
7.000	Siete mil
8.464	Ocho mil cuatrocientos /-as sesenta y cuatro
9.999	Nueve mil novecientos /-as noventa y nueve
10.000	Diez mil
13.490	Trece mil cuatrocientos /-as noventa
100.000	Cien mil
173.210	Ciento setenta y tres mil doscientos /-as diez
1.000.000	Un millón
1.576.920	Un millón quinientos setenta y seis mil novecientos /-as veinte
1.000.000.000.000	Un billón

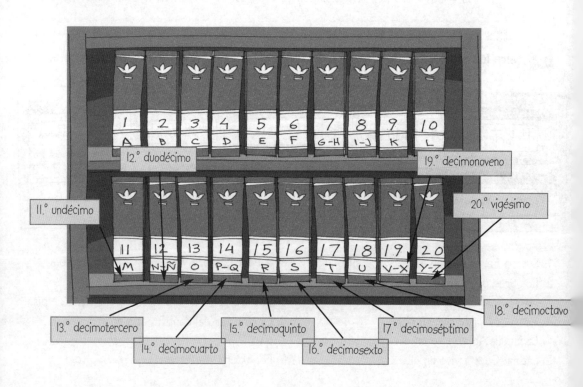

EJERCICIOS

PALABRAS EN CONTEXTO

1 Lea el siguiente texto y escriba con letras los números cardinales y ordinales que se mencionan.

POR UN EURO GANE HASTA UN MILLÓN

Si compra un número de nuestra lotería, por solo 1 € (un euro) podrá ganar uno de los siguientes premios.

Un 10.º ......*décimo*...... premio de 712.212 € ...*setecientos doce mil doscientos doce*...

Un 11.º .... premio de 699.987 € ....

Un 12.º .... premio de 657.888 € ....

Un 13.º .... premio de 526.647 € ....

Un 14.º .... premio de 501.235 € ....

Un 15.º .... premio de 485.666 € ....

Un 16.º .... premio de 418.788 € ....

Un 17.º .... premio de 350.000 € ....

Un 18.º .... premio de 300.250 € ....

Un 19.º .... premio de 273.253 € ....

Un 20.º .... premio de 152.765 € ....

2 Mire el dibujo de la pág. 24 y escriba en qué volumen están estos países.

1. España: ....*quinto volumen*.........
2. México: ....
3. Argentina: ....
4. Chile: ....
5. Uruguay: ....
6. Bolivia: ....
7. Guatemala: ....
8. Perú: ....
9. Venezuela: ....
10. Rusia: ....

3 Subraye la opción correcta.

1. Raquel celebra su **decimoquinto** / **quince** cumpleaños.
2. Marta y Jesús celebran su **doce** / **duodécimo** aniversario de boda.
3. La letra ñ es la **veinte** / **vigésima** letra del alfabeto.
4. Este es el **trece** / **decimotercer** congreso de editores.
5. Esta es la **undécima** / **once** edición de este libro.
6. Omar tiene **decimoséptimas** / **diecisiete** radios en su casa.

¡ FÍJESE !

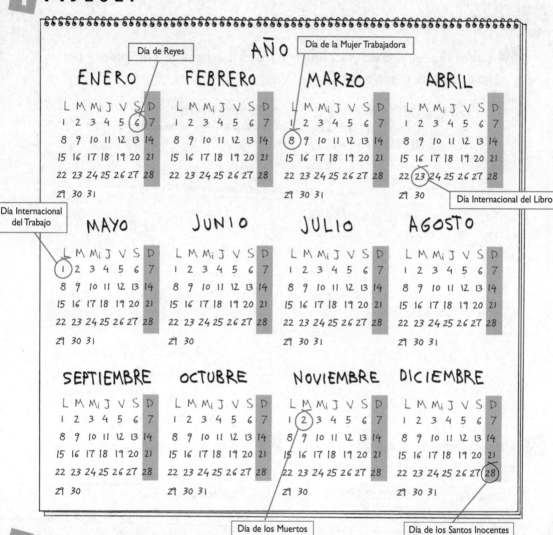

AÑO

Día de Reyes — ENERO, 6

Día de la Mujer Trabajadora — MARZO, 8

Día Internacional del Libro — ABRIL, 23

Día Internacional del Trabajo — MAYO, 1

Día de los Muertos — NOVIEMBRE, 2

Día de los Santos Inocentes — DICIEMBRE, 28

ENERO	FEBRERO	MARZO	ABRIL
L M Mi J V S D	L M Mi J V S D	L M Mi J V S D	L M Mi J V S D
1 2 3 4 5 6 7	1 2 3 4 5 6 7	1 2 3 4 5 6 7	1 2 3 4 5 6 7
8 9 10 11 12 13 14	8 9 10 11 12 13 14	8 9 10 11 12 13 14	8 9 10 11 12 13 14
15 16 17 18 19 20 21	15 16 17 18 19 20 21	15 16 17 18 19 20 21	15 16 17 18 19 20 21
22 23 24 25 26 27 28	22 23 24 25 26 27 28	22 23 24 25 26 27 28	22 23 24 25 26 27 28
29 30 31		29 30 31	29 30

MAYO	JUNIO	JULIO	AGOSTO
L M Mi J V S D	L M Mi J V S D	L M Mi J V S D	L M Mi J V S D
1 2 3 4 5 6 7	1 2 3 4 5 6 7	1 2 3 4 5 6 7	1 2 3 4 5 6 7
8 9 10 11 12 13 14	8 9 10 11 12 13 14	8 9 10 11 12 13 14	8 9 10 11 12 13 14
15 16 17 18 19 20 21	15 16 17 18 19 20 21	15 16 17 18 19 20 21	15 16 17 18 19 20 21
22 23 24 25 26 27 28	22 23 24 25 26 27 28	22 23 24 25 26 27 28	22 23 24 25 26 27 28
29 30 31	29 30	29 30 31	29 30 31

SEPTIEMBRE	OCTUBRE	NOVIEMBRE	DICIEMBRE
L M Mi J V S D	L M Mi J V S D	L M Mi J V S D	L M Mi J V S D
1 2 3 4 5 6 7	1 2 3 4 5 6 7	1 2 3 4 5 6 7	1 2 3 4 5 6 7
8 9 10 11 12 13 14	8 9 10 11 12 13 14	8 9 10 11 12 13 14	8 9 10 11 12 13 14
15 16 17 18 19 20 21	15 16 17 18 19 20 21	15 16 17 18 19 20 21	15 16 17 18 19 20 21
22 23 24 25 26 27 28	22 23 24 25 26 27 28	22 23 24 25 26 27 28	22 23 24 25 26 27 28
29 30	29 30 31	29 30	29 30 31

FRASES ÚTILES

–¿Qué fecha es hoy? / ¿Cuál es la fecha de hoy?
–Hoy es cinco de marzo de dos mil ocho.

–¿Qué día es hoy?
–Hoy es viernes.

–¿Qué celebramos hoy?
–Hoy celebramos el Día de la Madre.

L	Lunes
M	Martes
Mi	Miércoles
J	Jueves
V	Viernes
S	Sábado
D	Domingo

EJERCICIOS

PALABRAS EN CONTEXTO

1 Lea el siguiente texto y conteste después a las preguntas.

El Día de los Muertos

El Día de los Muertos se celebra en México el **dos de noviembre.** Es un **día de fiesta** en el que se recuerda a los miembros de la familia que han muerto. Muchas veces, las personas llevan disfraces al igual que los niños en Estados Unidos en Halloween. Para **celebrar** el Día de los Muertos, los mexicanos hacen altares con objetos personales, dulces, frutas, flores, fotos…, para ofrecerlos a los parientes o familiares muertos.

a) ¿Cuándo se celebra el Día de los Muertos? ....

b) ¿Dónde se celebra? ....

c) ¿Por qué se celebra? ....

d) ¿En qué es similar a Halloween? ....

2 Ordene las letras para formar los meses del año y los días de la semana.

1. seunl ...*lunes*...
2. tcerbou ....
3. gtsooa ....
4. lirab ....
5. ádsaob ....

6. esramt ....
7. zamor ....
8. nmdoigo ....
9. onere ....
10. nojui ....

11. revesni ....
12. reforbe ....
13. lojiu ....
14. uveejs ....
15. yoam ....

16. iseolmerc ....
17. tmsereibpe ....
18. meoenvrbi ....
19. cmdeeiibr ....

3 Escriba las siguientes fechas.

1. 5/8/2006 *Cinco de agosto de...*..

2. 7/12/2008 ....

3. 10/4/1970 ....

4. 4/1/1900 ....

5. 10/10/1547 ....

4 Escriba el día anterior y el posterior.

1. ....   domingo   ....
2. ....   martes   ....
3. ....   viernes   ....
4. ....   jueves   ....
5. ....   sábado   ....

5 Conteste a las siguientes preguntas.

1. Si hoy es lunes, ¿qué día fue ayer? ....
2. Si hoy es miércoles, ¿que día es mañana? ....
3. Si hoy es jueves, ¿qué día será pasado mañana? ....
4. Si hoy es viernes, ¿qué día fue anteayer? ....

6 Escriba el mes anterior y posterior.

1. ....   mayo   ....
2. ....   marzo   ....
3. ....   diciembre   ....
4. ....   septiembre   ....
5. ....   octubre   ....

7 Mire el dibujo del calendario de la página 26 y escriba la fecha de las siguientes celebraciones.

1. Día de los Santos Inocentes: ....
2. Día de los Muertos: ....
3. Día Internacional del Trabajo: ....
4. Día de Reyes: ....
5. Día Internacional del Libro: ....
6. Día de la Mujer Trabajadora: ....

8 Mire el dibujo del calendario de la página 26 y escriba el día de la semana.

1. El 8 de mayo fue ....

2. El 13 de enero fue ....

3. El 10 de diciembre fue ....

4. El 2 de agosto fue ....

5. El 11 de octubre fue ....

9 Lea el siguiente dicho popular y después escriba los meses que tienen 31 días.

> Treinta días hay en septiembre,
>
> y en abril, junio y noviembre;
>
> de veintiocho solo hay uno,
>
> los demás de treinta y uno.

1. ....

2. ....

3. ....

4. ....

5. ....

6. ....

7. ....

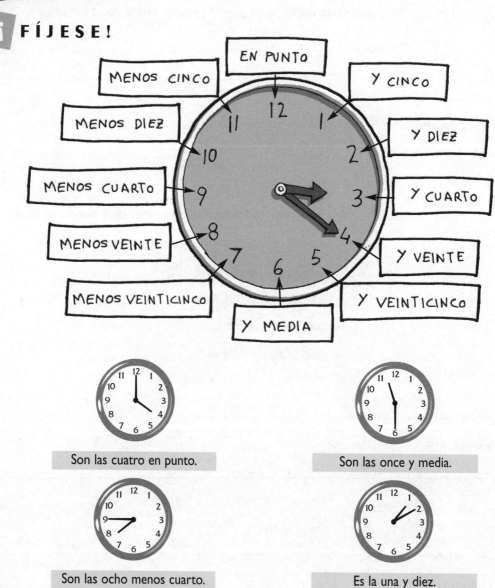

6 | Son las tres y veinte
LAS HORAS

¡ FÍJESE !

EN PUNTO

MENOS CINCO

Y CINCO

MENOS DIEZ

Y DIEZ

MENOS CUARTO

Y CUARTO

MENOS VEINTE

Y VEINTE

MENOS VEINTICINCO

Y VEINTICINCO

Y MEDIA

Son las cuatro en punto.

Son las once y media.

Son las ocho menos cuarto.

Es la una y diez.

FRASES ÚTILES

—¿Qué hora es?
—Es la una y diez.

—¿A qué hora te levantas?
—Me levanto a las siete y media de la mañana.

—¿A qué hora comes?
—A las dos de la tarde.

—¿A qué hora cenas?
—A las nueve de la noche.

EJERCICIOS

PALABRAS EN CONTEXTO

1 **Lea el siguiente texto.**

¿Por qué cuando son **las ocho de la mañana** en España son **las dos de la tarde** en Nueva York? Si todos los **relojes** marcaran a la vez las doce de la mañana (12 a. m.), en algunas partes del mundo sería **de día** y en otras **de noche.** En 1884 científicos de veinticinco países se reunieron en Washington para resolver este problema y dividieron el mundo en 24 **zonas horarias.** El punto de referencia es el Meridiano de Greenwich en Londres (GMT), y a partir de ese punto se suma o se resta una **hora** por cada zona horaria. Por ejemplo, Nueva York está a menos cinco horas de Londres, por eso cuando son las 7:00 p. m. en Londres, son las 2:00 p. m. en Nueva York (7 – 5 = 2).

2 **Mire el mapa de husos horarios y responda.**

1. Son las 4:00 p. m. (16:00) en Calcuta. ¿Y en Londres? ....

2. Son las 7:00 a. m. en Ciudad del Cabo. ¿Y en Sidney? ....

3. Son las 10:00 p. m. (22:00) en Tokio. ¿Y en Moscú? ....

4. Son las 8:00 p. m. (20:00) en Los Ángeles. ¿Y en Nueva York? ....

5. Son las 3:00 a. m. en Tokio. ¿Y en París? ....

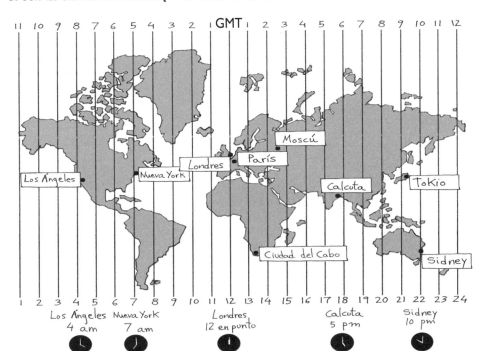

3 Escriba las siguientes horas.

1. .... 2. .... 3. .... 4. ....

5. .... 6. .... 7. .... 8. ....

4 Mire el horario de trenes y responda a las siguientes preguntas.

Madrid	6:50	6:20	9:20	10:20	12:20	13:50	15:50	17:50	21:50
Toledo	7:25	8:35	9:55	10:55	12:55	14:55	15:55	17:55	21:55

Toledo	6:50	8:00	9:20	10:20	12:20	13:20	15:20	17:20	21:20
Madrid	7:25	8:35	9:55	10:55	12:55	14:55	15:55	17:55	21:55

1. ¿A qué hora sale el primer tren Madrid - Toledo?

....

2. ¿A qué hora llega a Toledo el tren de las 17:50?

....

3. ¿A qué hora sale el último tren Toledo - Madrid?

....

4. ¿Cuanto tarda el tren Madrid - Toledo de las 13:50?

....

5. ¿A qué hora llega a Madrid el tren de las 17:20?

....

5 Complete la siguiente conversación.

a las ocho	antes	¿a qué hora?	a tiempo	tarde	a las ocho y media

–Lucía, ¿te gustaría venir al cine esta noche?

–No sé, ...

 La película empieza ....

–Yo salgo del trabajo .... y no sé si voy a llegar ....

–¿Podrías salir del trabajo un poco ....?

–No sé. Mi jefe está enfadado porque siempre llego .... por las mañanas.

OBJETOS Y ACCIONES DEL AULA

ℹ FÍJESE!

Pizarra · Borrar · Mapa · Libro · Bolígrafo · Tiza · Suspender el examen / la prueba · Diccionario · Lápiz · Sacapuntas · Cuaderno · Aprobar el examen · Borrador / goma de borrar

F RASES ÚTILES

Mañana tengo un examen.

Cada vez cometo menos errores.

¿Tienes una goma de borrar?

¿Qué significa *memorizar*?

Busca esta palabra en el diccionario.

Repasad el tema 5. ¿Alguna pregunta?

¿Puede repetir, por favor? No entiendo bien el español.

Para mí son difíciles las reglas gramaticales.

EJERCICIOS

PALABRAS EN CONTEXTO

1 **Lea este correo que Marco escribe a su amigo Carlo.**

Hola, Carlo, soy Marco, ¿cómo estás? Te escribo desde España, **estudio** español en una **academia** de Sevilla.

Somos pocos **alumnos** en **clase** y podemos **trabajar en grupo** sin problemas. Este es mi segundo año de español y aún **cometo** muchos **errores.** Me gusta más **escribir** con **lápiz** que con **bolígrafo,** pues así... puedo **borrar** con una **goma** cuando me equivoco. **Aprendo** mucho con mi **profesora,** todos los días **repasamos** con ella los **ejercicios.**

Yo siempre llevo un **diccionario** y **pregunto** mucho para **saber** y **entender** mejor el significado de las palabras. Todos los fines de semana tengo que **hacer los deberes** de español, y a finales de mes **tenemos un examen.** Yo, de momento, **apruebo** con buenas **notas.** Es fácil aprobar un examen si **escuchas** con atención al profesor y **estudias** un poco cada día.

Bueno, ya **practicaremos** juntos el español. Un abrazo,

Marco.

2 **Conteste verdadero (V) o falso (F).**

	V	F
a) Marco estudia en España.	☐	☐
b) Marco ya no comete errores.	☐	☐
c) Prefiere escribir con bolígrafo.	☐	☐
d) Aprueba los exámenes con facilidad.	☐	☐
e) Tiene muchos compañeros y no trabaja en grupo.	☐	☐
f) No aprende mucho en clase.	☐	☐

3 Relacione la definición con el término correspondiente.

1. Sirve para afilar los lápices.
2. Superficie sobre la que se escribe o dibuja con tiza.
3. Conjunto de hojas de papel en el que se puede escribir.
4. Representación de la geografía del mundo.
5. Material blanco que se usa para escribir en las pizarras.
6. Libro ordenado alfabéticamente para buscar el significado de las palabras.

a) Pizarra
b) Tiza
c) Sacapuntas
d) Mapa
e) Diccionario
f) Cuaderno

4 Complete el siguiente texto.

Mi c _l_ _a_ s _e_ es grande y luminosa. Hay un m _ _ _ al lado de la ventana, y una p _ z _ - _ _ _ cerca de la mesa del profesor. Todos tenemos un _ _ c _ i _ _ a r _ _ para buscar las palabras que no entendemos. Escribimos en nuestros c _ _ d _ r _ _ _ con b _ l _ _ r _ _ o _ y l _ p _ _ e _ . Hacemos un e _ a _ _ n; si hay muchos alumnos que s _ _ p _ _ d _ n el examen, la profesora r _ _ as _ con nosotros las unidades del libro que no e _ t _ _ de _ os bien.

5 Escriba acciones propias del aula relacionadas con estos objetos.

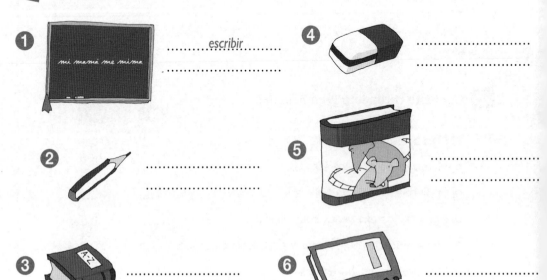

❶ .... *escribir* ....
....

❷ ....
....

❸ ....
....

❹ ....
....

❺ ....
....

❻ ....
....

6 Escriba el intruso.

1. Comprender, escribir, memorizar, repasar: ....

2. Lápiz, sacapuntas, tiza, bolígrafo: ....

3. Pizarra, diccionario, libro, cuaderno: ....

4. Mapa, examen, goma, compañero: ....

5. Examen, aprobar, escuchar, suspender: ....

7 Encuentre nueve palabras relacionadas con el aula en esta sopa de letras.

P	A	L	T	W	P	B	O	R	M	Ñ	P	Q	S	W	B
E	Q	G	O	Y	C	Y	P	T	U	B	V	D	S	D	S
R	W	E	M	M	L	B	T	V	I	S	G	G	D	G	D
T	E	Z	I	P	A	L	F	B	A	E	D	O	F	O	F
Y	R	T	S	G	S	P	D	C	N	R	E	F	M	F	R
U	L	Y	A	B	E	S	A	U	M	T	R	F	H	A	T
I	I	U	A	M	U	P	G	A	P	Y	T	P	J	R	G
O	B	I	Z	N	U	T	H	D	Ñ	U	H	G	K	G	H
P	R	N	I	N	D	U	J	E	C	I	J	B	L	I	Y
A	O	M	T	K	S	A	R	R	A	Z	I	P	K	L	U
S	P	A	B	O	F	P	U	N	S	J	L	H	J	O	H
E	S	J	N	L	C	N	Y	O	W	K	Ñ	Y	H	B	J
R	L	P	R	Q	E	D	C	P	F	H	N	M	F	P	U

FENÓMENOS ATMOSFÉRICOS

¡ FÍJESE!

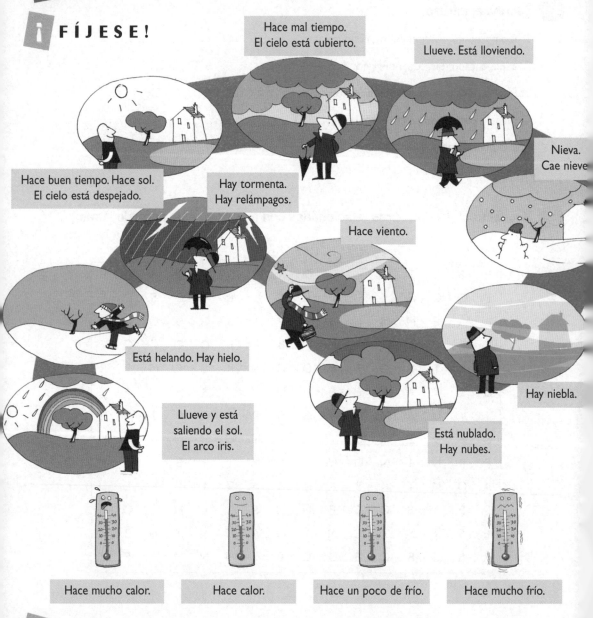

Hace mal tiempo.
El cielo está cubierto.

Llueve. Está lloviendo.

Hace buen tiempo. Hace sol.
El cielo está despejado.

Nieva.
Cae nieve

Hay tormenta.
Hay relámpagos.

Hace viento.

Está helando. Hay hielo.

Llueve y está
saliendo el sol.
El arco iris.

Está nublado.
Hay nubes.

Hay niebla.

Hace mucho calor.

Hace calor.

Hace un poco de frío.

Hace mucho frío.

F RASES ÚTILES

¿Qué temperatura hace hoy?

Hace muy buen tiempo, pero mañana va a llover.

Hoy hace sol.

Estamos a 10 °C.

No hace ni frío ni calor; el tiempo está templado.

EJERCICIOS

PALABRAS EN CONTEXTO

1 Lea este pronóstico del tiempo y elija después la opción correcta.

El **tiempo** para hoy es **variable,** y en general **las temperaturas bajan** de forma moderada en la mitad norte de la península y **suben** notablemente en el sur. **Hay nubes** en Bilbao, San Sebastián y Santander y también **está nuboso** en León y Oviedo, con probabilidad de **lluvias.** En A Coruña, Lugo, Ourense y Pontevedra **hace muy mal tiempo** con fuertes lluvias y **tormentas con relámpagos.** En Barcelona y Tarragona hay lluvias débiles. En Valencia y Alicante **hace viento** y el cielo **está cubierto** de nubes. En Huesca, Logroño y Zaragoza **nieva.** En Cáceres y Badajoz hay lluvias y **sol.** En todo el sur de la península **cielos despejados** y sol con temperaturas por encima de los 30 °C.

1. "El tiempo será variable" quiere decir que:

   a) Es muy distinto en cada ciudad. ☐

   b) Va a cambiar mucho. ☐

   c) No sabemos qué tiempo va a hacer. ☐

2. "Las temperaturas bajan de forma moderada" significa que:

   a) Hace más frío. ☐

   b) Hace más calor. ☐

   c) Hace mucho más frío. ☐

3. "Las temperaturas suben notablemente" equivale a:

   a) Hace más frío. ☐

   b) Hace más calor. ☐

   c) Hace bastante más calor. ☐

4. "El cielo está cubierto de nubes" es decir que:

   a) Va a llover. ☐

   b) El cielo está nublado. ☐

   c) Hace mucho frío. ☐

5. "El cielo está despejado" quiere decir:

   a) No hay nubes en el cielo. ☐

   b) Hace mucho calor. ☐

   c) La temperatura es alta. ☐

2 **Complete las siguientes oraciones.**

1. Cuando hace mucho ....*calor*............, el termómetro marca más de 35 °C.

2. Cuando hace un poco de ...., el termómetro marca menos de 15 °C.

3. Cuando está ...., el termómetro marca menos de 0 °C.

4. Si ves relámpagos en el cielo, hay ....

5. Si el cielo está cubierto, no se puede ver el ....

6. Cuando hay ...., no se puede ver bien.

3 Relacione las columnas.

A
1. Tormenta.
2. Nubes.
3. Hielo.
4. Hace mucho calor.
5. Informe meteorológico.

B
a) Cielo cubierto.
b) 0 °C.
c) Pronóstico del tiempo.
d) 40 °C.
e) Truenos y relámpagos.

4 Indique si estas afirmaciones son verdaderas (V) o falsas (F).

	V	F
1. Durante las tormentas no hay nubes.	☐	☐
2. Si el cielo está despejado, hace sol.	☐	☐
3. Cuando hiela hace calor.	☐	☐
4. Cuando nieva, no llueve.	☐	☐
5. Cuando hace buen tiempo el cielo está despejado.	☐	☐
6. Si hace buen tiempo la temperatura está baja.	☐	☐

5 Lea estas oraciones donde se incluyen seis colores del arco iris, y después elija la opción correcta.

El tomate es de color rojo.　　La hierba es verde.

La naranja es una fruta de color naranja.　　El cielo es azul.

El sol es amarillo.　　Esta flor es de color violeta.

En el atardecer el sol parece de color **verde / naranja.**

Cuando no hay nubes el cielo es **azul / rojo.**

¡Qué tormenta! El cielo está casi **verde / negro.**

La luz brilla sobre la nieve **violeta / blanca.**

No se ve nada con esta niebla **gris / amarilla.**

Los ojos de Antonio Banderas son **azules / marrones.**

¡FÍJESE!

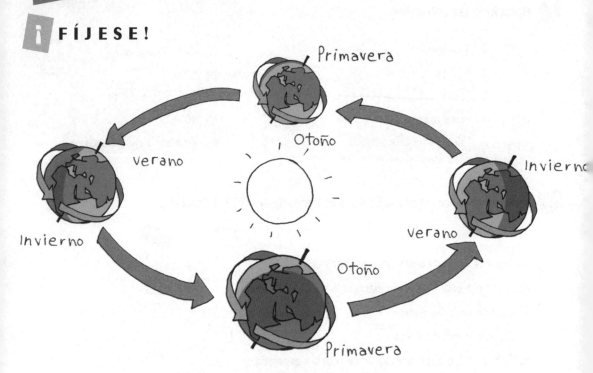

Inicio estaciones	Hemisferio Norte	Hemisferio Sur
20-21 marzo	primavera	otoño
21-22 junio	verano	invierno
23-24 septiembre	otoño	primavera
21-22 diciembre	invierno	verano

FRASES ÚTILES

Estamos en verano.

Es invierno.

En España, a finales de verano comienza el curso.

En otoño caen las hojas de los árboles.

Por fin, ha llegado la primavera.

El Sol es una estrella.

La Luna es el satélite de la Tierra.

Hoy hay luna llena.

Vivimos en el planeta Tierra.

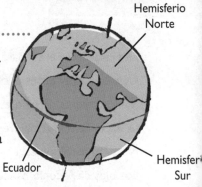

EJERCICIOS

PALABRAS EN CONTEXTO

1 Lea el siguiente texto.

> El **año** se divide en cuatro **estaciones:** la **primavera,** el **verano,** el **otoño** y el **invierno.** Las estaciones tienen relación con la inclinación de la Tierra y su movimiento alrededor del Sol. Es verano en el **Hemisferio Norte** cuando está inclinada hacia el Sol y es invierno cuando su inclinación está lejos del Sol. Cuando es verano en el Hemisferio Norte, es invierno en el **Hemisferio Sur.** En el **Ecuador** no existen estaciones porque el Sol siempre llega, y las temperaturas son siempre elevadas. En general, las temperaturas de verano e invierno descienden a medida que se está más lejos del Ecuador.

2 Inés, Hugo, Ana e Isabel viven en España. Adivina cuál es su estación favorita.

INÉS: Mi estación favorita es el / la .... Hay muchas flores y los campos están verdes. Llueve poco y no hace mucho calor.

HUGO: Yo prefiero el / la .... Aparecen nubes en el cielo y suele hacer viento. Las hojas de los árboles se ponen amarillas y caen. Hace un poco de frío y llueve mucho.

ANA: A mí me gusta el / la .... El cielo está azul y no hay nubes. Hace tanto calor que a veces hay tormentas. Los días son largos y las noches cortas.

ISABEL: Pues a mí me encanta el / la .... Hace mucho frío y a veces nieva. Hay hielo en las calles y las noches son muy largas.

3 Complete el siguiente cuadro sobre las diferencias entre Chile y España.

CHILE	Primavera	Verano	Otoño	Invierno
Meses			*marzo, abril, mayo*	
Tiempo				

ESPAÑA	Primavera	Verano	Otoño	Invierno
Meses				
Tiempo		*hace calor*		

4 **Complete el siguiente texto.**

El año tiene cuatro .... que se llaman: la ...., el ...., el .... y el .... En cada estación las personas realizan distintas actividades. En .... la gente lleva más ropa cuando sale a la calle y pasa más tiempo en casa, en .... la gente se va de vacaciones a la playa o a la montaña, en .... a la gente le gusta pasear por los parques y recoger hojas caídas de los árboles, y en .... la gente está contenta porque la temperatura es muy agradable.

5 **Señale el intruso.**

1. Primavera   satélite   Luna

2. Sol   la Tierra   estrella

3. Planeta   otoño   verano

4. Estrella   Hemisferio   Ecuador

6 **Asocie cada estación con tres palabras del recuadro.**

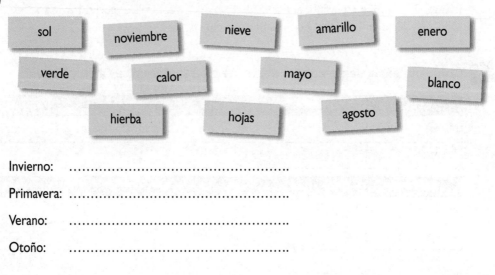

sol   noviembre   nieve   amarillo   enero

verde   calor   mayo   blanco

hierba   hojas   agosto

Invierno: ....

Primavera: ....

Verano: ....

Otoño: ....

7 Marque verdadero (V) o falso (F) en las siguientes afirmaciones.

	V	F
1. Cuando es verano en París es invierno en España.	☐	☐
2. Cuando es verano en el Hemisferio Norte es primavera en el Hemisferio Sur.	☐	☐
3. La Tierra gira alrededor del Sol.	☐	☐
4. El Ecuador divide a la Tierra en dos mitades.	☐	☐
5. Todos los días del año en el Ecuador, los días y las noches duran lo mismo: 12 horas.	☐	☐

ANIMALES Y PLANTAS

¡ FÍJESE!

LA GRANJA

Mosquito
Planta
Caballo
Mosca
Vaca
Pájaro
Cerdo
Gallo
Perro
Gato
Gallina
Pez
Árbol
Hoja
Araña
Flor

RASES ÚTILES

Prefiero los perros a los gatos.

Hay que regar las plantas.

Jorge tiene pánico a las arañas.

A mí me gusta mucho tener flores en casa.

No sé montar a caballo.

En verano hay muchos mosquitos.

EJERCICIOS

PALABRAS EN CONTEXTO

1 Lea la siguiente discusión entre estos compañeros de piso y a continuación marque verdadero (V) o falso (F).

MARIO: ¡Estoy harto! Tu **gato** ya se ha comido dos **peces** míos.

ANTONIO: ¿Y qué me dices de tu **perro?** Está todo el día haciendo pis en mis **plantas** y mordiendo las **hojas** y las **flores.**

MARIO: Mi perro está deprimido. Tu **loro** es un **pájaro** sin sentimientos, no para de hablarle a mi perro; siempre le cuenta malas noticias; por eso, se comporta así.

ANTONIO: No, no es eso. Tu perro es muy sucio, igual que tú. Fíjate en tu habitación: hay cientos de **arañas** en las cortinas.

MARIO: Tú sí que eres un **cerdo.** Dejas la comida fuera del frigorífico y después toda la cocina está llena de **moscas.**

ANTONIO: ¿Sabes qué? Me voy a comprar un par de peces, pero peces venenosos. Así que dile a tu gato que ¡cuidado!

	V	F
a) Al gato de Antonio le gustan los peces de Mario.	☐	☐
b) El perro de Mario y el loro de Antonio son amigos.	☐	☐
c) "Ser un cerdo" significa ser una persona muy sucia.	☐	☐
d) En la habitación de Antonio hay muchas moscas.	☐	☐

2 Tache el término intruso.

1. Mosca   mosquito   vaca   pájaro
2. Caballo   vaca   pez   cerdo
3. Flor   árbol   araña   planta
4. Vaca   mosca   perro   gato

3 Subraye la opción correcta.

1. El **caballo** / **loro** tiene cuatro patas.
2. El **mosquito** / **pez** nada.
3. Las **flores** / **moscas** huelen muy bien.
4. Las **arañas** / **vacas** dan leche.
5. Los **árboles** / **gatos** tienen hojas.
6. Los **cerdos** / **pájaros** vuelan.

4 Agrupe las siguientes palabras en dos conjuntos.

pino / rosa / margarita / olivo / bosque / hoja / plantas

ÁRBOLES	FLORES

5 Relacione las cualidades más características con cada animal.

1.	perro	a)	multicolor
2.	caballo	b)	hablador
3.	pez	c)	rápido
4.	loro	d)	solitario
5.	gato	e)	pequeño
6.	mosquito	f)	fiel

6 Relacione los elementos de las dos columnas para formar refranes.

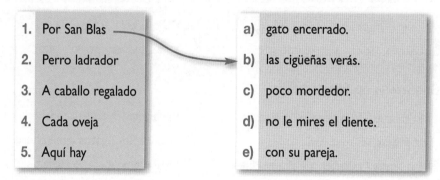

1.	Por San Blas	a)	gato encerrado.
2.	Perro ladrador	b)	las cigüeñas verás.
3.	A caballo regalado	c)	poco mordedor.
4.	Cada oveja	d)	no le mires el diente.
5.	Aquí hay	e)	con su pareja.

Ahora, relacione los refranes del ejercicio anterior con su significado.

1. Agradecer un regalo por muy modesto que este sea.

2. Quien grita mucho no hace daño.

3. Cada uno debe relacionarse con gente de su mismo nivel.

4. En la explicación de un hecho, hay algo secreto que no se quiere decir.

5. Es en el mes de febrero cuando llegan las aves migratorias.

Ejemplo frase 5: 1. → b)

ACCIDENTES GEOGRÁFICOS

ℹ FÍJESE!

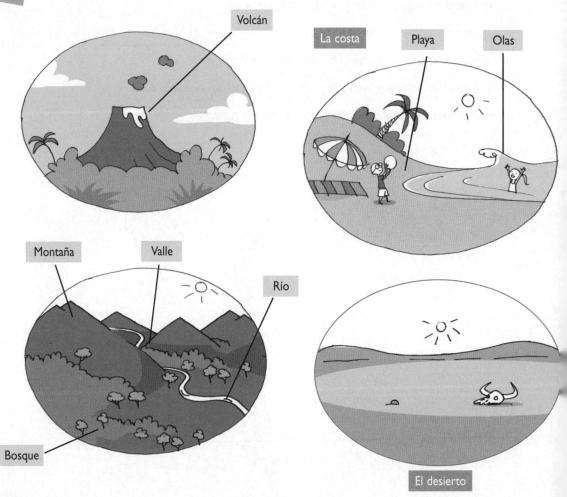

F RASES ÚTILES

Las islas Baleares están en el mar Mediterráneo.

América es el continente más grande.

El océano Pacífico separa América de Asia.

Las regiones del norte de Europa son más frías que las del sur.

España se encuentra al sur de Europa.

Prefiero la zona del interior que la costa.

El sol sale por el Este y se pone en el Oeste.

EJERCICIOS

PALABRAS EN CONTEXTO

1 Lea el siguiente texto sobre la geografía de Chile.

Chile es el **país** más largo del **continente** americano y tiene una geografía llena de contrastes. En Chile se encuentra la **cordillera** de los Andes, que es un conjunto de **montañas** muy altas, y el **desierto** de Atacama, el desierto con menos **agua** de todo el mundo. Pero también hay muchas **playas** y zonas con grandes extensiones de **bosques** y con una gran variedad de árboles. Hay **paisajes** espectaculares.

La zona próxima al desierto es **seca** y la de la montaña es **húmeda**. Gran parte de su población vive en los **valles,** entre las montañas, y se dedican a la agricultura. Las playas del **norte** son de agua templada y las del **sur** son de agua más fría.

El **río** más largo de Chile es el Aconcagua, que desemboca en el **océano** Pacífico. La **isla** de Pascua pertenece a Chile y tiene tres **volcanes** inactivos. En Chile son importantes los **lagos;** incluso hay una región que se llama precisamente Los Lagos.

2 Indique si las siguientes afirmaciones son verdaderas (V) o falsas (F).

	V	F
a) La geografía de Chile es muy igual.	☐	☐
b) El océano Pacífico baña la costa de Chile.	☐	☐
c) La isla de Pascua está en el océano Pacífico.	☐	☐
d) El desierto de Atacama es muy seco.	☐	☐
e) En Chile, la población de la montaña se dedica a la agricultura.	☐	☐
f) El agua de todas sus playas tiene la misma temperatura.	☐	☐

3 **Elija la palabra adecuada para completar las siguientes oraciones.**

> montaña / lagos / olas / **desiertos** / mar / volcanes
>
> isla / ríos / océanos / playa / interior

1. En los ......*desiertos*....... casi nunca llueve y generalmente se localizan en el
   ....

2. Cuba es una .... situada en el .... Caribe.

3. Hay cinco .... en la superficie de la tierra.

4. Los .... expulsan humo.

5. Cuando los .... se hielan en invierno se puede patinar sobre ellos.

6. Los .... suelen atravesar valles y no tienen olas.

7. La cima de esa .... está cubierta de nieve.

8. A los niños les gusta ir a la .... a jugar con las .... y la arena.

4 **Complete las oraciones siguientes con la palabra adecuada.**

1. El Titicaca es el .... más grande de Sudamérica.

2. Los Andes son el conjunto de ....*montañas*........... más grande del continente
   americano.

3. Las .... Galápagos están en la costa de Ecuador en el
   .... Pacífico.

4. El Popocatépetl es un .... activo localizado en México.

5. Las .... de la República Dominicana son famosas por su
   .... tan transparente y su .... tan blanca.

6. El Amazonas es el .... más largo de Sudamérica.

7. Una zona de .... siempre está al lado del mar.

5 **Adivine qué lugar se describe.**

1. Un lugar muy caluroso y seco con arena: ....

2. Lugar lleno de árboles: .... *bosque* ....

3. Tierra rodeada por agua: ....

4. Superficie de tierra, generalmente con árboles, entre dos montañas: ....

5. Agua salada próxima a la costa: ....

6. Agua salada que separa los continentes: ....

7. Corriente de agua que desemboca en el mar: ....

6 **Complete las palabras y después búsquelas en la sopa de letras.**

1. R _ G _ _ N _ _

2. _ O _ Q _ E

3. I _ T _ R _ _ _

4. L _ _ O

5. _ C _ A _ O

6. _ _ S _ E _ T _

7. C _ _ _ _ N _ N _ E

8. _ S _ A

9. M _ _ T _ _ A

10. _ _ ST _

B	N	B	Y	U	O	T	W	Y	C	I	O	U	R	C	J	M	O	P	J	A	Z	H	T	Z
B	U	K	L	C	Ñ	U	C	S	A	I	I	N	T	E	R	I	O	R	J	B	T	D	M	C
O	D	U	T	W	U	L	J	X	I	K	F	W	K	O	A	V	A	N	Y	F	A	F	E	V
G	Y	E	E	O	U	N	I	Y	B	I	G	J	Q	Ñ	B	F	S	B	T	O	L	Q	E	H
B	U	N	S	T	X	Ñ	E	Y	U	O	O	C	A	Z	V	O	K	E	E	A	U	T	U	P
Y	B	P	D	I	X	Q	F	J	U	U	O	M	J	X	I	Y	R	T	K	Ñ	Ñ	L	B	H
X	E	K	L	U	E	Y	G	A	K	N	U	Y	W	L	B	A	N	O	O	E	L	A	G	O
O	T	B	EL	I	I	R	U	H	U	D	G	Q	X	U	I	E	U	Ñ	E	H	A	G	S	B
T	Q	O	I	R	N	L	T	O	C	E	A	N	O	J	N	H	Y	A	I	T	G	E	V	O
Q	D	S	L	U	X	D	G	O	O	U	E	R	F	I	H	T	S	C	S	L	N	P	J	U
T	I	Q	I	U	H	J	H	N	S	J	E	H	T	Z	Q	L	J	O	V	O	A	E	E	U
O	U	U	F	S	U	T	Q	J	B	U	L	N	U	I	L	P	C	O	I	H	L	B	Y	Z
T	U	E	Ñ	F	L	O	E	K	X	I	O	D	T	V	R	T	V	G	J	U	H	N	I	A
A	G	Z	J	D	C	A	A	O	K	C	R	W	E	O	J	H	E	U	Z	F	Q	R	L	Z
K	K	A	F	A	O	T	G	N	M	C	S	Ó	U	Y	A	R	S	X	A	I	F	O	V	H

¡FÍJESE!

Por la mañana

| Levantarse | Ducharse | Desayunar | Sacar al perro | Ir a trabajar | Comer |

Por la tarde

| Ir al gimnasio | Hacer la compra | Estudiar |

Por la noche

| Preparar la cena | Ver la televisión | Acostarse |

FRASES ÚTILES

Yo me ducho todos los días antes de ir al trabajo.

Siempre saco a pasear a mi perro por las mañanas.

Por las noches me gusta ver una película en la televisión.

De lunes a viernes siempre hago las mismas cosas.

Los domingos por la noche suelo escuchar la radio.

Me acuesto a diario a la misma hora.

EJERCICIOS

PALABRAS EN CONTEXTO

1 Lea el siguiente texto y marque verdadero (V) o falso (F).

Paloma lleva una vida muy aburrida de lunes a viernes porque hace lo mismo todos los días y a la misma hora. **Se levanta** a las siete de la mañana y **trabaja** de nueve de la mañana a seis de la tarde. Después, **estudia** inglés, **va al gimnasio** y no llega a su casa hasta las nueve y media. **Cena** a las diez y a las once **se acuesta.** Por eso, los sábados y los domingos lleva una vida sin horarios. Se levanta tarde, no **hace la cama, desayuna** escuchando la radio, **come** cuando tiene hambre, habla por teléfono con sus amigos y **lee revistas** o algún **libro.** A veces, **sale a cenar** a restaurantes o va al cine, pero los sábados **por la noche** le gusta ir a bailar con sus amigos. Los domingos **por la mañana** se levanta muy tarde, y **se reúne** con su familia para comer en casa de sus padres. Cuando regresa a su casa, **escucha música** para relajarse y prepararse para la rutina del lunes.

	V	F
a) Paloma no tiene una rutina para los fines de semana.	☐	☐
b) Paloma hace su cama solo los domingos.	☐	☐
c) Paloma se levanta temprano para ir a trabajar.	☐	☐
d) A Paloma le gusta leer libros y escuchar música.	☐	☐
e) Paloma come con su familia a diario.	☐	☐

2 Complete con la palabra adecuada del recuadro realizando los cambios que sean necesarios.

hacer (2 veces) / sacar / **ver** / salir / ducharse

1. Mis padres ....*ven*.... la televisión todas las noches.
2. Ella .... antes de desayunar.
3. Me gusta .... con mis compañeros de oficina.
4. Mi hermana .... a su perro tres veces todos los días.
5. Benjamín .... la compra los sábados.
6. Sonia y Elena .... ejercicio dos veces por semana.

3 Encuentre el intruso.

1. Levantarse	por la mañana	desayuno	acostarse
2. Agua	ducharse	preparar la cena	cuarto de baño
3. Desayunar	por la tarde	escuchar la radio	tomar café
4. Perro	pasear	parque	ir al trabajo

4 Clasifique donde corresponda las acciones que hacemos todos los días.

> ducharse / comer / comprar / tomar el bus / coger un taxi / leer / ver la televisión
> cocinar / lavarse / escribir / correr / pasear al perro / escuchar música
> preparar documentos / estudiar

Para cuidarse: ....

Para divertirse: ....

Para trabajar: ....

5 Berta ha dejado esta nota a su novio, Javier, antes de irse al trabajo. Ayúdala a entender qué tiene que hacer.

Javier, antes de ir al g i m n a s i o no te olvides de:

• _ _ _ _ _ _ la c_ m _.

• _ _ _ _ _ _ _ _ al _ e _ _o.

• h_ _ _ _ la _ _ _ _ _ _.

• _ _ _ _ _ _ _ _ _ la c_ _ _ a.

¡Qué bien! Esta noche podré _ _ _ la _ _ _ _ _ _ _ _ _ _ _.
Un beso,
Berta

6 **Busque estas palabras y expresiones en la sopa de letras.**

LEVANTARSE   DUCHARSE   DESAYUNAR   SACAR AL PERRO
TRABAJAR   COMER   IR AL GIMNASIO   HACER LA COMPRA
ESTUDIAR   PREPARAR LA CENA   CENAR   ACOSTARSE
LEER   ESCUCHAR

```
J  G  A  O  Z  L  F  Q  U  L  U  L  N  R  Y  S  K  C  B  M  V  B  Y  Q  R
Z  K  C  M  J  O  H  P  M  X  U  E  Q  X  D  A  A  A  E  C  R  M  F  V  J
K  A  O  X  V  Z  Q  B  H  I  F  E  Q  C  B  C  N  U  J  E  N  B  C  Q  R
Z  D  S  D  D  S  C  C  T  V  U  R  F  I  X  A  I  C  A  N  D  L  E  T  Q
Y  Q  T  P  U  V  S  W  F  A  W  J  K  V  X  R  T  N  Y  J  O  D  S  Z  T
S  E  A  F  Q  C  X  P  T  C  O  B  C  C  U  A  F  O  G  L  P  E  R  D  T
P  H  R  H  Q  I  H  R  P  U  U  J  B  C  E  L  J  A  U  I  S  S  S  E  K
D  V  S  S  H  Q  M  A  T  K  E  X  A  E  K  P  U  B  J  D  N  A  E  Z  N
C  Q  E  B  D  U  H  M  R  O  O  O  S  N  W  E  D  O  I  E  M  Y  S  E  W
M  M  M  T  Q  S  T  D  Z  S  J  C  C  A  V  R  N  W  C  V  E  U  C  N  B
L  J  E  S  T  U  D  I  A  R  E  M  S  R  N  R  Z  N  R  L  I  N  U  X  N
P  R  E  P  A  R  A  R  L  A  C  E  N  A  X  O  T  V  Z  H  V  A  C  M  Q
Q  K  O  O  A  X  D  L  E  V  A  N  T  A  R  S  E  A  L  A  L  R  H  W  I
D  C  O  M  E  R  W  T  V  T  R  A  B  A  J  A  R  A  Y  B  K  C  A  O  Y
E  V  B  N  I  R  A  L  G  I  M  N  A  S  I  O  I  Y  C  F  A  Z  R  V  Ñ
N  C  R  W  C  W  D  P  L  Q  N  E  M  H  A  Q  D  N  Z  K  X  B  J  F  T
D  J  U  I  S  A  H  B  Q  L  A  H  A  C  E  R  L  A  C  O  M  P  R  A  X
```

7 **Descubra los verbos ocultos y complete con ellos el siguiente texto.**

1. Traeslenav: .... *levantarse* ....
2. Esdperrtaes: ....
3. Ucerdhsa: ....
4. Racrmpo: ....
5. Jrabarta: ....
6. Rcaicon: ....
7. Iraudets: ....

Ana está en quinto curso de Ingeniería. Cuando tiene que .... para los exámenes, ... a las 7:00, ... *se levanta* ... rápidamente de la cama y .... Le gusta .... de manera ordenada. A las 12:00 descansa, da un paseo y va al supermercado a .... lo que necesita para ....

LOS MIEMBROS DE LA FAMILIA

¡ FÍJESE !

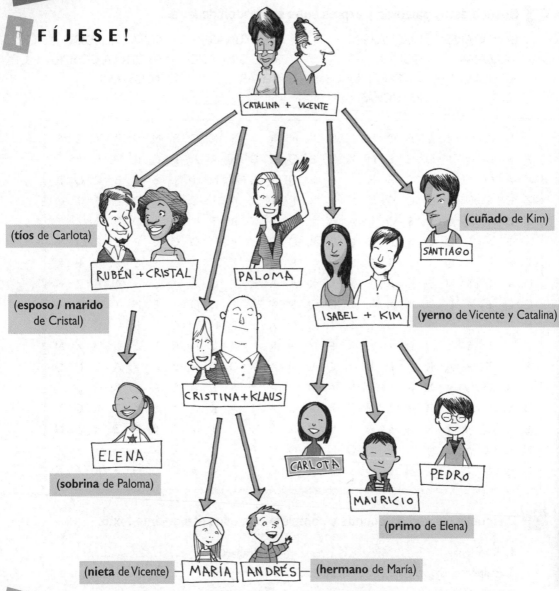

CATALINA + VICENTE

(**tíos** de Carlota)

(**cuñado** de Kim)

RUBÉN + CRISTAL   **PALOMA**   **SANTIAGO**

(**esposo / marido** de Cristal)

ISABEL + KIM   (**yerno** de Vicente y Catalina)

CRISTINA + KLAUS

ELENA   **CARLOTA**   **PEDRO**

(**sobrina** de Paloma)   **MAURICIO**

(**primo** de Elena)

(**nieta** de Vicente) — **MARÍA**   **ANDRÉS** — (**hermano** de María)

RASES ÚTILES

Catalina y Vicente son los **padres** de Rubén, Cristina, Paloma, Isabel y Santiago.

Cristal es la **mujer / esposa** de Rubén y Klaus es el **marido** de Cristina.

Mauricio es **nieto** de Catalina.

Isabel y Kim son **matrimonio.**

Catalina es la **abuela** de Elena, María, Andrés, Carlota, Mauricio y Pedro.

Cristal es la **nuera** de Vicente.

Rubén y Cristal están **casados.**

Santiago es **divorciado.**

Paloma está **soltera.**

EJERCICIOS

PALABRAS EN CONTEXTO

1 Lea el siguiente texto sobre la familia de Carlota.

Hola, me llamo Carlota y vivo en México con mis **padres,** mis dos **hermanos** y mis **abuelos** maternos. Mi **familia** no es grande ni pequeña, es mediana. Tengo dos **primas** y un **primo.** Mi mejor amiga es mi prima Elena. Ella no tiene hermanos, es **hija única,** y por eso siempre está en mi casa. Elena es como una hermana para mí, aunque no nos parecemos en nada, porque ella es mulata y yo soy mitad china y mitad mexicana. Me gusta mi familia porque somos una familia multicultural. Todos mis abuelos y sus hijos son mexicanos, pero mi **papá,** Kim, es de China, mi **tía** Cristal es de Guinea y mi **tío** Klaus es de Alemania. Cuando nos reunimos para celebrar mi cumpleaños es muy divertido ver caras de todos los colores, escuchar distintos idiomas y probar comidas de diferentes países.

2 Marque verdadero (V) o falso (F).

	V	F
a) La familia de Carlota es enorme.	☐	☐
b) El papá de Elena es chino.	☐	☐
c) Los abuelos de Carlota son mexicanos.	☐	☐
d) Carlota está orgullosa de su familia.	☐	☐
e) Los parientes de Carlota tienen distintos rasgos, hablan varios idiomas y tienen distintas costumbres.	☐	☐

3 Identifique los siguientes miembros de la familia.

1. Yo soy el / la ...._hija_................ de mis padres.

2. Los hijos de mi hermana son mis ....

3. La hija de mis padres es mi ....

4. La madre de mi madre es mi ....

5. Los hijos de mis tíos son mis ....

6. Las hijas de mi tía son mis ....

7. Los hijos de mis abuelos son mis ....

8. Mi tía es la .... de mi abuela.

4 **Lea el siguiente texto y después complete las frases.**

Julia tiene un **marido,** que se llama Benjamín. Julia y Benjamín discuten todos los días. La madre de Julia piensa que se debían **separar.** Modesto, un amigo de la familia, es **soltero** y **está enamorado de** Julia. Julia no puede **casarse con** Modesto porque no está **divorciada de** Benjamín. Benjamín no quiere **divorciarse de** Julia porque no quiere ser el **ex marido** de Julia. Pero Julia sí quiere ser la **mujer** de Modesto y la **ex mujer** de Benjamín.

divorciada / ex marido / **casada** / ex mujer / soltero / separados

1. Julia está ....*casada*........ con Benjamín.

2. La madre de Julia quiere que Julia y Benjamín estén ....

3. Julia necesita estar .... para casarse con Modesto.

4. Modesto no está casado. Está ....

5. Benjamín no quiere ser el .... de Julia.

6. Si Julia se casa con Modesto, Julia será la .... de Benjamín.

5 **Relacione las dos columnas.**

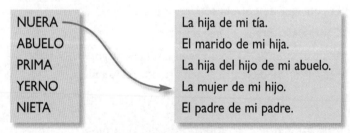

NUERA   La hija de mi tía.

ABUELO   El marido de mi hija.

PRIMA   La hija del hijo de mi abuelo.

YERNO   La mujer de mi hijo.

NIETA   El padre de mi padre.

6 **Ordene las letras para completar las oraciones.**

1. La ....*esposa*........ (pesaos) de mi hijo es mi .... (aunre).

2. Mi padre es el .... (diramo) de mi .... (admer).

3. La .... (jhai) de mi hijo es mi .... (atien).

4. Los .... (moarensh) de mi padre son .... de mi madre (asñcodu).

5. Mi .... (drmae) es la .... (juemr) de mi padre.

6. El hijo de mi .... (meanhra) es mi .... (boirosn).

7 Adivine los siguientes parentescos.

A
Se parece a mi mamá
pero es mayor,
tiene otros hijos
que mis tíos son.

....

B
De tus tíos es hermana,
es hija de tus abuelos
y quien más a ti te ama.

....

C
Mi abuelo tiene un hijo,
el hijo tiene otro hijo,
y ese otro hijo soy yo.
Busca mi parentesco con
la persona anterior.

....

D
Son hijos de tus abuelos,
de tus padres hermanos son,
tus hermanos con tus hijos
tendrán esa relación.

....

8 Mire el árbol genealógico de Carlota de la página 58 e identifique el parentesco de cada uno de los siguientes miembros de su familia.

Horizontales

1. Andrés.
2. Cristina.
3. Elena.
4. Mauricio.
5. Vicente.

Verticales

1. Kim.
2. Isabel.
3. Catalina.
4. Santiago.

LA DESCRIPCIÓN FÍSICA

¡FÍJESE!

Es calvo.

Lleva barba.

Tiene el pelo largo, moreno y liso.

Tiene el pelo corto y rizado.

Lleva gafas.

Bigote.

Es alto y delgado.

Tiene pecas.

Es guapo.

Es bajita y delgada.

Es gordito.

FRASES ÚTILES

–¿Cómo es tu madre? / –Es alta y fuerte.

Me gustan los chicos morenos y de pelo largo.

Mi hermana pequeña tiene el pelo rubio.

Salvador lleva barba y tiene la nariz larga.

Mi abuelo es más viejo que Salvador.

¡Qué feo es el perro de mi vecino!

EJERCICIOS

PALABRAS EN CONTEXTO

1 **Lea el siguiente diálogo.**

MARÍA: ¿Has tenido clase ya con el profesor nuevo?

MAURICIO: ¿Cuál? ¿El de **barba**?

MARÍA: No, ese es el señor Pérez. Me refiero al **joven,** ese que es **calvo, alto** y **fuerte.**

MAURICIO: ¡Ah! El señor Carreras.

MARÍA: Sí. Es muy **guapo...** y muy interesante. Da las clases fenomenal.

MAURICIO: No sé. A mí me gusta la señorita Campos.

MARÍA: ¿La señorita Campos? ¡Ah, sí!, la **rubia** de **pelo rizado.**

MAURICIO: Sí, es muy buena profesora. Y ¿qué te parece la señorita Martínez?

MARÍA: ¡Guapísima! Es muy **delgada** y muy **alta.**

MAURICIO: Tú también eres muy guapa...

MARÍA: No mucho. Yo me veo un poco **gorda** y **fea.**

MAURICIO: Pues a mí... me gustas... bastante.

MARÍA: Bueno, anda, que a ti te gustan todas.

MAURICIO: De eso nada. ¿Conoces a Ethel? Es una chica nueva que empieza este año a estudiar español.

MARÍA: ¿La **morenita**? Sí, es muy **linda** y **simpática.**

MAURICIO: Pues eso, que a mí me gustas más tú.

2 **Complete las oraciones según la descripción anterior.**

a) La señorita Martínez es ...., ...*delgada*........ y ....

b) El Sr. Pérez lleva ....

c) El Sr. Carreras es ...., ... y ....

d) La Srta. Campos es .... y tiene el pelo ....

e) María cree que es un poco ....

3 Lea la carta que escribe Víctor a su novia describiendo a sus compañeros de clase y relacione los nombres con las imágenes.

¡Hola, Vanesa!

Ya he conocido a mis compañeros de clase de español. Te envío unas fotografías para que los conozcas. Leo es el que lleva gafas y tiene el pelo rizado. Marcos tiene las orejas muy grandes y tiene el pelo muy corto. Ethel tiene pecas y su pelo es largo y muy liso. Mauricio tiene la nariz y el cuello muy largos, tiene el pelo corto y liso y lleva bigote; tiene los ojos oscuros, de color marrón. María es la que tiene el pelo rubio y los ojos muy grandes. Se parece mucho a ti, es muy guapa. ¿Los has reconocido?

Un beso,
Víctor

| ❶ .... | ❷ .... | ❸ .... | ❹ .... | ❺ .... |

4 Coloque las palabras en su casillero correspondiente.

alto / gafas / pecas / rubio / fuerte / calvo / gordo / rizado / barba / bigote / delgado / liso

CUERPO	PELO	CARA
alto		

5 Escriba el contrario de las siguientes palabras.

1. GUAPO   ....

2. (PELO) LISO   ....

3. BAJO   ....

4. DELGADO   ....

5. VIEJO   ....

6. RUBIO   ....

6 Encuentre en esta sopa de letras catorce palabras que hacen referencia a la descripción.

C	C	U	V	M	Q	U	L	S	M	A	W	Z	Q
L	A	B	R	A	B	H	G	A	F	A	S	F	S
O	L	O	D	Y	P	U	O	I	U	M	T	G	D
A	T	S	A	L	A	D	R	P	E	C	A	S	R
U	O	L	Y	P	G	M	D	J	R	V	F	N	T
W	P	K	O	O	R	E	O	E	T	O	H	D	Y
B	R	E	R	C	S	B	C	L	E	Y	L	E	U
F	I	N	L	U	I	I	A	I	R	R	E	T	I
G	Z	S	O	D	A	G	L	E	D	Ñ	T	O	O
H	A	N	T	N	I	T	V	S	S	O	R	G	C
I	D	A	S	T	R	M	O	R	E	N	O	I	D
J	O	I	B	U	R	W	P	C	O	N	S	B	B
M	S	T	M	N	W	G	Ñ	B	P	I	Y	M	X

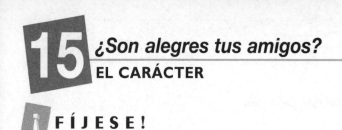

15 ¿Son alegres tus amigos?
EL CARÁCTER

¡FÍJESE!

Serio

Nerviosa

Egoísta

Triste

Alegre, simpático

Amable

FRASES ÚTILES

¿Cómo es tu novia? / Es muy simpática e inteligente.

¿Cómo está Pepe? / Está triste y preocupado por su madre.

Hoy María está nerviosa.

Es una persona muy alegre y sociable, trata con todo el mundo.

No tiene mal humor, pero hoy está muy enfadado.

Eugenia es muy generosa, todo lo comparte.

El jefe es un hombre muy serio y reservado, no habla mucho.

Ejercicios

Palabras en contexto

1 Lea este fragmento de una entrevista al cantante de rock Filiberto Raya.

Filiberto Raya es el cantante de moda. Hablamos con él en la casa que posee en Cali.

ENTREVISTADORA: Se dice que eres una persona muy **trabajadora** y **generosa,** que gran parte del dinero de tus conciertos lo empleas para ayudar a los países del Tercer Mundo, ¿es cierto?

FILIBERTO: Bueno… Estoy **preocupado** con la situación de los niños que viven en los países en guerra.

ENTREVISTADORA: Además, tienes fama de **tolerante** y de ser **amable** con todo el mundo.

FILIBERTO: Intento ser **agradable.** Es más fácil que estar **enfadado.** Se consigue más en la vida y yo me siento **contento** y **alegre.** En general, soy **optimista.**

ENTREVISTADORA: La gente que te conoce bien opina que eres **sociable, abierto,** y… muy **inteligente,** añado yo.

FILIBERTO: Bueno, la gente siempre exagera un poco.

ENTREVISTADORA: No, no exagera. Yo te conozco y sé que eres un tipo de trato muy fácil. Muchas gracias por tu tiempo, Filiberto.

FILIBERTO: Ha sido un placer hablar contigo.

2 Relacione cada adjetivo con su contrario.

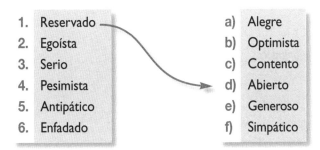

1.	Reservado	a)	Alegre
2.	Egoísta	b)	Optimista
3.	Serio	c)	Contento
4.	Pesimista	d)	Abierto
5.	Antipático	e)	Generoso
6.	Enfadado	f)	Simpático

3 ¿Qué opina de estas personas? Marque la casilla que crea más adecuada.

	Triste	Inteligente	Tímido	Generoso	Optimista
Shakira					
Penélope Cruz					
Usted					
Su amigo /-a					

4 Clasifique las siguientes palabras según su consideración positiva o negativa.

> alegre / enfadado / triste / trabajador / nervioso / generoso
> optimista / tímido / tolerante / reservado / tranquilo

POSITIVO	NEGATIVO
.... *alegre*	....
....	....
....	....
....	....

5 Lea la entrevista del ejercicio 1 y describa a Filiberto Raya con las cualidades contrarias.

Es poco trabajador......
....
....
....

6 ¿Reconoce estas palabras? Escríbalas correctamente. Después, descubra la palabra oculta entre las letras recuadradas.

1. GOET[A]SI   ....
2. VOSORE[I]N   ....
3. G[R]ELEA   ....
4. PASI[T]ICOM   ....
5. RI[O]SE   ....
6. A[B]ALEM   ....
7. TON[E]CONT   ....

Los prefijos **in-** y **des-** sirven para indicar lo contrario de lo señalado por el adjetivo.

Ej.: *fiel → infiel*

ordenado → desordenado

7 Escriba el contrario de los siguientes adjetivos.

1. contento   ....   6. humano   ....
2. preocupado   ....   7. maduro   ....
3. puntual   ....   8. sensible   ....
4. prudente   ....   9. ordenado   ....
5. capaz   ....   10. equilibrado ....

ⓘ FÍJESE!

Camarero

Profesora

Conductora

Mecánico

Taxista

Dependiente

Policía

Médica

Veterinaria

Ejecutiva

Bombero

Peluquero

F RASES ÚTILES

–¿A qué te dedicas?

–Soy profesora.

–¿Cuál es tu profesión?

–Soy mecánico.

– ¿Cuánto dinero ganas?

–Mil euros.

–¿Te gusta tu trabajo?

–Sí, porque el horario es muy bueno.

EJERCICIOS

PALABRAS EN CONTEXTO

1 Lea la siguiente conversación entre Juan y Tamara, una antigua compañera de clase.

> **TAMARA:** Hola, Juan, ¡qué alegría verte!
>
> **JUAN:** Hola, Tamara, ¡cuánto tiempo!
>
> **TAMARA:** **¿A qué te dedicas** ahora?
>
> **JUAN:** Soy **pizzero.** Trabajo en una **pizzería** haciendo pizzas y repartiéndolas en una moto.
>
> **TAMARA:** ¿Te gusta tu trabajo?
>
> **JUAN:** Sí, me gusta mucho porque solo trabajo los viernes por la tarde y los fines de semana.
>
> **TAMARA:** ¿Y qué haces los demás días?
>
> **JUAN:** Estudio medicina en la universidad. Quiero ser **médico.**
>
> **TAMARA:** ¿Es bueno el **sueldo** de pizzero?
>
> **JUAN:** La verdad es que no. Los pizzeros no **ganamos** mucho porque no es necesario tener estudios, pero cuando repartes las pizzas a veces consigues buenas **propinas.**
>
> **TAMARA:** Es verdad, el sueldo no es bueno, pero ¿estás contento con tu trabajo?
>
> **JUAN:** Sí, mucho porque mis compañeros son jóvenes como yo, conoces a mucha gente que viene a comprar pizza, el **horario** es flexible y, además, puedo comer toda la pizza que quiero.

2 Señale el párrafo que mejor describe el trabajo de pizzero según Juan.

a) Ser pizzero es una profesión bien pagada porque siempre te dan propinas. Trabajas cuando quieres, los compañeros son muy simpáticos y tienes tiempo para estudiar en la universidad.

b) Ser pizzero es una profesión que te permite continuar con tus estudios, no está muy bien pagada, pero te lo pasas bien y comes pizza gratis.

c) Ser pizzero tiene muchas ventajas: viajas en moto, los clientes son muy simpáticos, trabajas solo dos días a la semana y te dan propinas.

3 Relacione una palabra de la columna A con otra de la columna B.

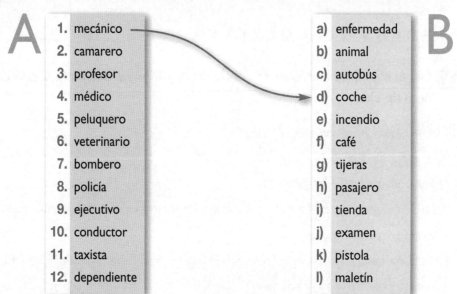

A

1.	mecánico
2.	camarero
3.	profesor
4.	médico
5.	peluquero
6.	veterinario
7.	bombero
8.	policía
9.	ejecutivo
10.	conductor
11.	taxista
12.	dependiente

B

a)	enfermedad
b)	animal
c)	autobús
d)	coche
e)	incendio
f)	café
g)	tijeras
h)	pasajero
i)	tienda
j)	examen
k)	pistola
l)	maletín

4 ¿A quién llamaría en las siguientes situaciones?

1. Su pelo está demasiado largo. ....

2. Necesita ir al aeropuerto. ....

3. Su perro está enfermo. ....

4. Su casa está en llamas. ....

5. Quiere aprender chino. ..*profesor*...

6. Está en un bar y quiere tomar un café. ....

7. Ha perdido su pasaporte. ....

8. Está en una tienda de televisores, pero no sabe cuál comprar. ....

9. Tiene fiebre y le duele la cabeza. ....

5 ¿Qué profesión recomendaría a estas personas?

1. Susana: "Me encantan los animales" ..*veterinaria*...

2. Pablo: "Me gusta el riesgo y ayudar a otras personas" ....

3. Sofía: "Quiero trabajar rodeada de niños" ....

4. Cristina: "Me gusta proteger a las personas" ....

5. Alberto: "Me gusta trabajar con máquinas" ....

6. Manuel: "Quiero ganar mucho dinero" ....

7. Pedro: "Soy feliz en un autobús" ....

8. Nora: "Me encanta vender cosas" ....

9. Antonio: "Quiero ayudar a los enfermos" ....

6 **Haga este crucigrama de profesiones.**

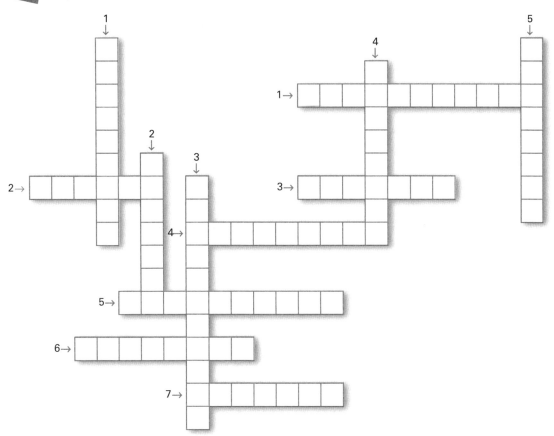

Horizontales

1. Yo curo a los animales. Soy...
2. Yo curo las enfermedades. Soy...
3. Yo persigo y arresto a los delincuentes. Soy...
4. Yo corto el pelo. Soy...
5. Yo conduzco un autobús. Soy...
6. Clara trabaja en una cafetería. Es...
7. Yo conduzco un taxi. Soy...

Verticales

1. Bea viaja mucho haciendo negocios. Es...
2. Yo apago fuegos. Soy...
3. Yo vendo ropa en una tienda. Soy...
4. Yo arreglo coches. Soy...
5. Yo trabajo en un colegio. Soy...

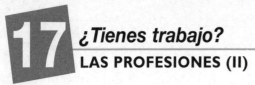

17 ¿Tienes trabajo?

LAS PROFESIONES (II)

¡ F Í J E S E !

Albañil

Abogada

Escritora

Fontanero

Enfermera

Actriz

Periodista

Cocinero

Cajero

Jardinera

Obrero

Administrativo

F RASES ÚTILES

Estoy en el paro, no tengo trabajo.

Estoy desempleado, por eso estoy buscando un empleo.

Mi padre ya es mayor y no trabaja; está jubilado.

Mañana tengo una entrevista de trabajo.

¿En qué te gustaría trabajar?

Busco ofertas de trabajo en el periódico.

EJERCICIOS

PALABRAS EN CONTEXTO

1 Lea el siguiente correo electrónico de Emilio a su amiga Patricia.

Hola, Patricia:

He terminado mis estudios de periodismo, pero no encuentro **trabajo.** Todas las mañanas voy a la **oficina de empleo** para ver si hay algún trabajo de **periodista,** pero solamente hay **empleos** para trabajar de **albañil,** de **jardinero** o de **cajero.** No quiero trabajar de albañil porque es un trabajo muy duro. Tampoco quiero trabajar de jardinero porque pagan muy poco y no quiero trabajar de cajero porque es muy aburrido, muy mecánico.

Ayer vi en el **periódico** un **anuncio** de un trabajo como **administrativo** en un banco. El horario no está mal, es de nueve de la mañana a cinco de la tarde y el sueldo es decente. Mañana tengo la **entrevista** para ver si me dan el trabajo y tengo que entregar el **currículum.**

Yo quiero trabajar como periodista pero es una profesión con mucho **desempleo,** porque hay muchos periodistas y muy pocos **puestos de trabajo.**

2 Marque si las siguientes afirmaciones son verdaderas (V) o falsas (F).

	V	F
a) Puedes buscar trabajo en la oficina de empleo o en las ofertas de trabajo en un periódico.	☐	☐
b) El sueldo de administrativo es malo.	☐	☐
c) Tiene que llevar el currículum a la entrevista.	☐	☐
d) Es fácil encontrar trabajo como periodista porque no hay muchos periodistas desempleados.	☐	☐

3 **Resuelva este crucigrama.**

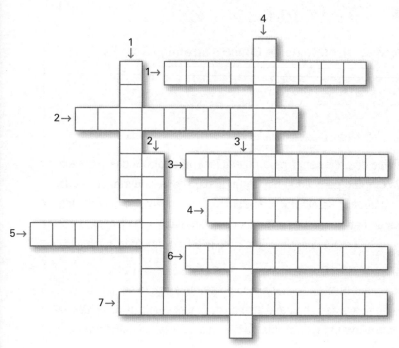

1. Yo arreglo los jardines. Soy…
2. Yo informo de lo que pasa en el mundo. Soy…
3. Yo escribo libros. Soy…
4. Ana actúa en películas. Es…
5. Yo trabajo con una caja registradora. Soy…
6. Yo arreglo las tuberías. Soy…
7. Yo reparo las averías eléctricas. Soy…

1. Yo trabajo en una fábrica. Soy…
2. Yo construyo casas. Soy…
3. Lara prepara comidas. Es…
4. Yo pinto las paredes. Soy…

4 **Complete las oraciones con la palabra adecuada.**

jubilado / horario / profesiones / trabajo / oficina de empleo
jefe / entrevista / **paro** / empleo

1. Llevo en el ......_paro_...... más de nueve meses, no sé dónde ir a buscar ....

2. Ayer fui a la .... para ver si encontraba un trabajo.

3. Mi abuelo está ....; por eso, se va de vacaciones cuando quiere.

4. Estoy un poco nervioso porque mañana tengo mi primera .... de trabajo.

5. Las ofertas de .... más interesantes son para personas con experiencia.

6. Las .... con más futuro son las relacionadas con la tecnología.

7. Mi sueño es trabajar por mi cuenta, para no tener un ....

8. Los escritores no tienen un .... fijo, escriben cuando quieren.

5 Relacione las dos columnas.

1. albañil	a) juicio
2. abogado	b) casa
3. escritor	c) libro
4. fontanero	d) comida
5. enfermero	e) película
6. cocinero	f) agua
7. actor	g) hospital
8. jardinero	h) cables
9. electricista	i) fábrica
10. cajero	j) calculadora
11. obrero	k) pintura
12. administrativo	l) dinero
13. pintor	ll) flor

6 Subraye la opción correcta.

Emilio acaba de conseguir un trabajo de **administrativo** / **dependiente** / **jefe** en un banco. Está muy contento porque superó la **anuncio** / **entrevista** / **oferta de traba-jo** sin problemas, aunque no tenía **paro** / **vacaciones** / **experiencia** previa como administrativo. Su horario es bueno porque solamente trabaja hasta las tres, de modo que por las tardes va a buscar un trabajo a tiempo **completo** / **parcial** / **total** como periodista. No le importa que no le paguen porque ya tiene su **dine-ro** / **propina** / **sueldo** de administrativo. El único problema es que el primer año solamente tendrá una semana de **empleo** / **vacaciones** / **experiencia**, pero está muy contento porque conseguir un trabajo con un buen **entrevista** / **horario** / **paro** y un **flexible** / **salario** / **desempleo** decente es muy difícil, porque hay muchas personas **jubiladas** / **de vacaciones** / **desempleadas** que están buscando un **currícu-lum** / **paro** / **puesto de trabajo**.

FÍJESE!

Perchero
Rotuladores
Impresora
Pantalla
Calendario
Flexo
Mesa
Computadora / ordenador
Teléfono
Ratón
Grapadora
Teclado
Alfombrilla
Cajón
Papelera
Silla

FRASES ÚTILES

¿Dónde está mi agenda?

Te dejo los rotuladores encima de la mesa.

Tengo que vaciar la papelera.

No hay papel en la impresora.

La grapadora no tiene grapas.

EJERCICIOS

PALABRAS EN CONTEXTO

1 Lea el siguiente texto que describe el dibujo de la página de la izquierda.

Esta es mi **oficina,** es muy luminosa. Mi **mesa de despacho** está **enfrente de** una pared y **a la derecha** tengo una ventana. El **ordenador** está **sobre** la mesa, **junto a** la **impresora.** El **teléfono** también está **encima de** la mesa, **al lado del flexo.** El **teclado** está **en el centro de** la mesa, **entre** el teléfono y la **alfombrilla.** Tengo **rotuladores** de varios colores encima de la **impresora. A la izquierda de** la **silla** tengo tres **cajones. Dentro del** primer cajón guardo la **grapadora.** El **ratón** está sobre la **alfombrilla** y la **papelera** está **debajo de** la mesa.

2 Mire el dibujo de la página de la izquierda y complete los espacios en blanco.

a) El flexo está .... del teléfono.

b) La grapadora está .... del cajón.

c) El perchero está .... de la silla.

d) El teclado está .... del teléfono.

3 Mire el mapa de la Unidad 1 y complete las siguientes oraciones con la palabra adecuada.

1. Costa Rica está .... de Nicaragua.

2. La República Dominicana está .... de Haití.

3. Bolivia está .... Paraguay y Perú.

4. México está .... de Guatemala.

5. Honduras está en el .... de América.

6. Chile está a la .... de Argentina.

4 Pepo y Ana trabajan en una oficina como teleoperadores. Adivine en qué mesa se sientan Pepo y Ana con las pistas que le damos.

 PISTAS

Pablo está delante de Laura.

Susana está al lado de Paloma.

Álvaro está a la izquierda de Paloma.

Ana está entre Pablo y Silvia.

Enrique está entre Jaime y Rebeca.

Pepo está detrás de Rebeca.

Jaime está entre Paloma y Ana.

Miguel está a la derecha de Silvia.

5 Relacione las dos columnas.

1.	Grapadora	a)	Papel
2.	Impresora	b)	Escribir
3.	Papelera	c)	Imprimir
4.	Calendario	d)	Alfombrilla
5.	Ratón	e)	Meses
6.	Flexo	f)	Luz
7.	Teclado	g)	Grapar

6 Una cada palabra con su definición.

1.	Factura	a)	Persona que utiliza los servicios de una empresa.
	Fotocopia	b)	Grupo de personas que se juntan para hablar de algo.
	Fax	c)	Relación de objetos comprados con su precio.
	Cliente		Copia fotográfica en papel.
	Reunión		Documento escrito que se recibe por la línea de teléfono.

7 **Lea el texto y después marque verdadero (V) o falso (F).**

Me llamo Alba y soy secretaria. Mi jefe tiene un negocio de ordenadores. Se dedica a comprar ordenadores que no funcionan, los arregla y se los vende a buen precio a clientes que no tienen mucho dinero. Mi jefe siempre tiene reuniones fuera de la oficina, así que me quedo sola contestando al teléfono y preparando las facturas de los ordenadores que vendemos. Algunos clientes me dan mucho trabajo porque pierden la factura y me llaman para decirme que les envíe una fotocopia por fax. Afortunadamente, hago fotocopias de todas las facturas; si no, tendría que volver a hacerlas y eso es mucho trabajo.

1. El jefe de Alba tiene una empresa de compra y venta de ordenadores usados. ☐
2. Alba tiene mucho trabajo porque tiene que enviar todas las facturas por fax. ☐
3. El jefe de Alba tiene que ir a muchas reuniones. ☐
4. Alba pasa mucho tiempo contestando el teléfono y preparando facturas. ☐
5. Alba no prepara las facturas de todos los ordenadores que venden. ☐
6. Alba hace fotocopias de todas las facturas que hace. ☐

8 **Resuelva el siguiente crucigrama.**

Horizontales

1. Imprime papel.
2. Marca los días y los meses del año.
3. Nota con el precio de objetos o servicios.

Verticales

1. Copia de documentos.
2. Donde se tiran los papeles.
3. Sirve para marcar y escribir.
4. Sirve para grapar hojas de papel.
5. Mi cajonera tiene dos.

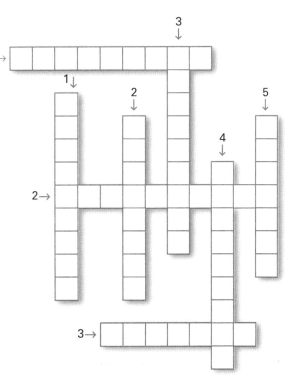

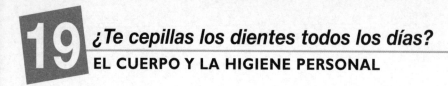

¡FÍJESE!

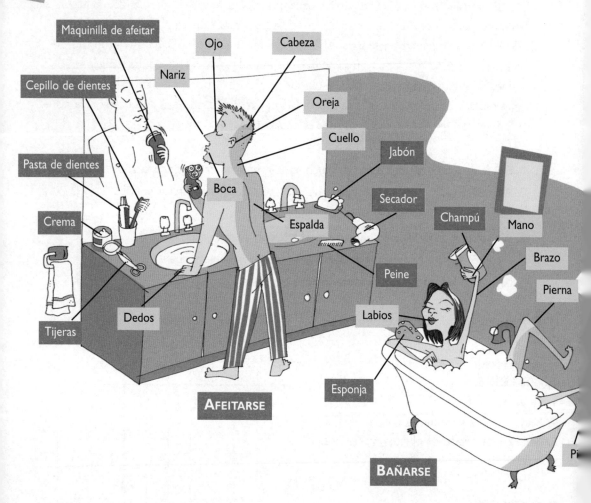

Maquinilla de afeitar · Ojo · Cabeza · Nariz · Cepillo de dientes · Oreja · Cuello · Jabón · Pasta de dientes · Boca · Secador · Champú · Mano · Espalda · Crema · Brazo · Pierna · Peine · Tijeras · Dedos · Labios · Pi · Esponja

AFEITARSE

BAÑARSE

FRASES ÚTILES

Hay que cepillarse bien los dientes después de comer.

Estoy cansada, voy a llenar la bañera y darme un baño.

–¿Qué prefieres? ¿Ducharte o bañarte?

–Prefiero bañarme.

Échate desodorante antes de salir de casa.

Necesito crema. Tengo la piel seca.

EJERCICIOS

PALABRAS EN CONTEXTO

1 Lea cómo se cuida Laura.

A mí me gusta **lavarme el pelo** todos los días. Me lavo con un **champú** muy suave. A veces uso el **secador** para **secarme el pelo,** pero no siempre. Tengo la **piel** seca; por eso me echo **crema** en la **cara,** en el **cuello** y en las **manos.** Llevo un **cepillo** y **pasta de dientes** en el bolso para **lavarme los dientes** cuando como fuera de casa. Siempre **me lavo** bien las **manos** antes de comer.

Para relajarme por la noche, **me baño** con mucho **gel** y **me peino** antes de acostarme. Cuando salgo a trabajar **me echo colonia** y **desodorante.** Me gusta oler bien. En definitiva, me encanta **cuidarme.**

2 Marque ahora verdadero (V) o falso (F).

	V	F
a) Lavarse la cabeza no es lavarse el pelo.	☐	☐
b) Bañarse es igual que ducharse.	☐	☐
c) Lavarse los dientes es cepillarse los dientes.	☐	☐
d) La colonia sirve para oler bien.	☐	☐

3 Escriba en la casilla correspondiente las partes del cuerpo relacionadas con esas acciones.

la cabeza / la cara / el pelo / **los ojos** / la boca / los dientes / los brazos
las manos / las piernas / los pies / las orejas / la barba

Abrir y cerrar	Lavarse	Cepillarse	Cortarse
los ojos			

4 **Elija la opción correcta para completar las siguientes oraciones.**

1. Las .... *manos* .... (piernas, **manos,** orejas) sirven para agarrar cosas.

2. La .... (nariz, espalda, cabeza) sirve para pensar.

3. Las .... (dedos, manos, piernas) sirven para andar.

4. Los .... (cuellos, brazos, pies) sirven para abrazar.

5. Los .... (manos, labios, ojos) sirven para besar.

6. Los .... (dedos, pies, ojos) sirven para observar.

5 **¿Qué hay que hacer en las siguientes situaciones? Elija las acciones adecuadas.**

lavarse / cepillarse los dientes / secarse / **peinarse** / afeitarse / bañarse

1. Si está despeinado, *peinarse* ....

2. Si está sucio, ...

3. Si tiene la barba larga, ...

4. Si está mojado, ...

5. Si quiere relajarse, ...

6. Si ha terminado de comer, ...

6 **¿Con qué objetos realiza usted estas acciones?**

1. Me lavo con *jabón* ....

2. Me peino con ....

3. Me seco el pelo con ....

4. Me corto el pelo con ....

5. Me afeito con ....

6. Me cepillo los dientes con ....

7 Relacione cada acción con la parte del cuerpo correspondiente.

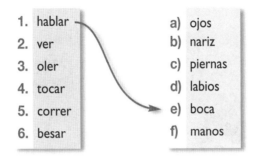

1. hablar
2. ver
3. oler
4. tocar
5. correr
6. besar

a) ojos
b) nariz
c) piernas
d) labios
e) boca
f) manos

8 Busque en la sopa de letras diez palabras que se estudian en esta unidad.

```
J G J O Z L F Q U L U L N R Y Y K C B M V B Y Q R
Z K C M J C H A M P U P Q X D P A A E C R M F V J
K A E X V Z Q B H I F P Q C M A N O J E N B C C R
Z D C E D S C C T V U H F I X J I C A N D L A T Q
Y Q K J Q V S W F A W J K V X L T B Y J O N R Z T
S E X F Q Z X P T C O B C C U E F R E G L P A R D
P H X H Q I X R P U U J B R E L J A U I S V S E K
D V B S H Q M H T K E X A J K J U Z J D N L K C N
C Q O B D U H I Q O O O S N W N D O I E M X U E W
M M C M T Q S T D Z I J C O E V A N W C V E U P F
L J A H T S F E N X O L H O M S F N K Z N R L I P
B Z R M B O D S I Z J A Y E L Z T V Z H V A Z L Q
Q K O O A X D V M F O V W K V O T A L A L M H L I
D R J W C W W T V E S E O Q Q Y N A Y B K C C O Y
E P E I N E K V V P E E P N A Q U I Y C F A Z J V
N C R W C W D P L Q N E M H A Q D N A K X B J F T
D J U I S A H B Q L A F O S N L W A Q Q F D S C X
```

FÍJESE!

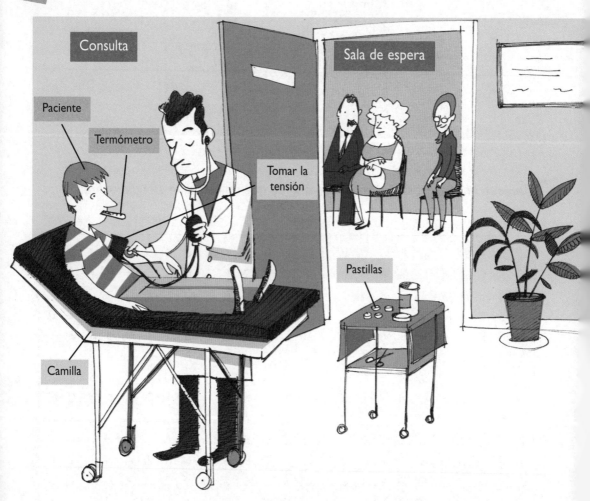

Consulta

Paciente

Termómetro

Tomar la tensión

Sala de espera

Pastillas

Camilla

FRASES ÚTILES

—¿Se siente bien?

—No me encuentro bien. Me duele la cabeza.

Juan está enfermo. Tiene dolor de garganta y mucha fiebre.

Carlitos está malo, tiene tos y algo de fiebre.

Voy a tomarme la tensión.

¿Has estado en la consulta? ¿Qué te ha recetado el médico?

E JERCICIOS

P ALABRAS EN CONTEXTO

1 Lea la siguiente conversación entre médico y paciente.

MÉDICO: Buenos días. ¿Qué le pasa?

PACIENTE: Buenos días, doctor. Verá, no **me siento bien. Tengo un dolor** muy fuerte en la **garganta.** Y también **me duelen** mucho los **oídos.**

MÉDICO: ¿Desde cuándo **se siente mal?**

PACIENTE: Llevo varios días **con tos** y **estoy muy cansado.** ¿Cree usted que tengo **gripe?**

MÉDICO: Lo voy a **examinar.** Siéntese en **la camilla,** por favor. Abra la boca y diga: Aaaah…

PACIENTE: ¡Ay! Me duele mucho.

MÉDICO: Tiene la **garganta** irritada; por eso tiene **tos.** La enfermera le va a **tomar la temperatura** con el **termómetro** para ver si tiene **fiebre.** Y también vamos a **tomarle la tensión.** Quiero saber si tiene la **tensión alta.** (…)

MÉDICO: Bueno, no se preocupe, la tensión está bien. No tiene ninguna **enfermedad grave;** solamente tiene un poco de fiebre por una **infección** en la garganta. ¿Es usted **alérgico** a algún **medicamento?**

PACIENTE: Creo que no.

MÉDICO: Bueno, le voy a **recetar** unas **pastillas** para el dolor y un **antibiótico.** Tome dos pastillas y el antibiótico cada ocho horas. Si no mejora después de tres días, **pida cita** para volver a la **consulta.**

PACIENTE: Perdone, ¿sabe si hay alguna **farmacia** cerca para comprar las **medicinas?**

MÉDICO: Sí, justo detrás del **centro de salud.**

PACIENTE: Muchas gracias, doctor.

2 Marque la oración que mejor resume la conversación.

a) El paciente acude al doctor porque lleva varios días con tensión alta. ☐

b) El paciente se encontrará bien enseguida. ☐

c) El paciente se siente mal porque lleva varios días con dolor de garganta. ☐

d) El paciente no puede oír bien porque le duelen los oídos. ☐

3 Relacione los dibujos con los enunciados de abajo.

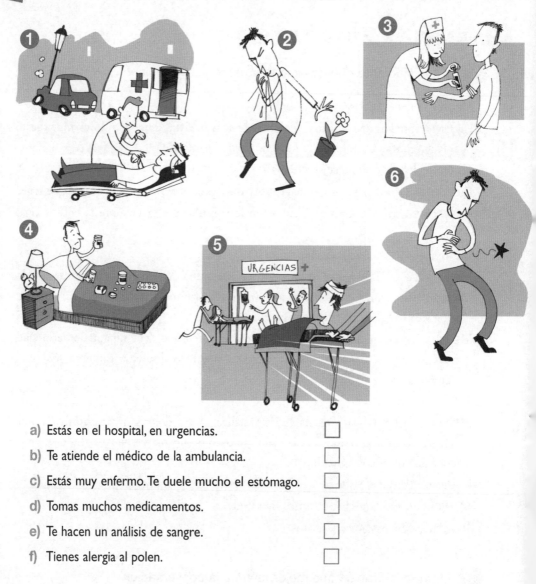

a) Estás en el hospital, en urgencias. ☐

b) Te atiende el médico de la ambulancia. ☐

c) Estás muy enfermo. Te duele mucho el estómago. ☐

d) Tomas muchos medicamentos. ☐

e) Te hacen un análisis de sangre. ☐

f) Tienes alergia al polen. ☐

4 Marque en cada serie la palabra que no corresponde.

1. Tos   alcohol   fiebre   alergia

2. Hospital   consulta   vida sana   sala de espera

3. Farmacia   gripe   infección   dolor

4. Urgencias   ambulancia   tos   médico

5 **Escoja la opción correcta para completar las siguientes oraciones.**

> pedir cita / pacientes / tos / toma la tensión / **receta** / consulta
> sala de espera / fiebre / vida sana

1. El doctor le dará una .... receta .... para comprar el medicamento en la farmacia.

2. Tiene que .... para que el doctor le atienda.

3. Siente mucho calor y está sudando porque tiene mucha ....

4. La .... del doctor Aguado empieza a las diez de la mañana.

5. El doctor Aguado tiene muchos ....; la .... siempre está llena.

6. Esta noche no podía dormir porque tenía mucha ....

7. Pablo se cuida mucho: lleva una ....

8. En el hospital la enfermera me .... cada mañana.

6 **Descubra las palabras ordenando las letras.**

1. PIHOTALS ....

2. LANBUAMIAC ....

3. ERATCE ....

4. NFREEOM ....

5. RGIEP ....

6. GIAELRA ....

7. NSTEOIN ....

7 **Elija la acción más adecuada para cada situación.**

tomar una pastilla   tomar un antibiótico   tomarse la temperatura

1. Si te duele la cabeza, puedes ....

2. Para saber si tienes fiebre, debes ....

3. Si tienes una infección, debes ....

FÍJESE!

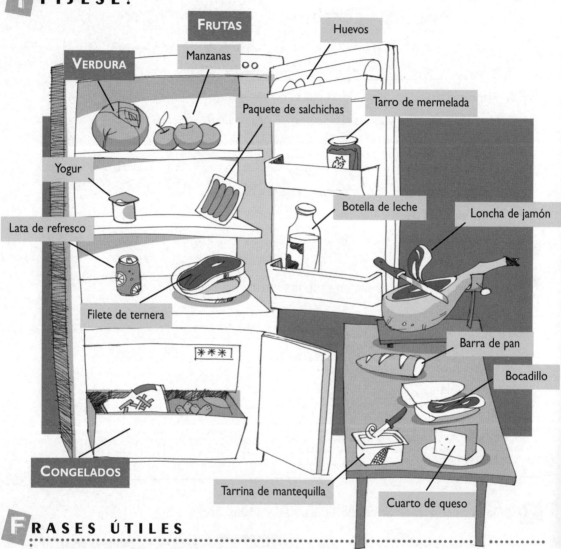

FRUTAS

Huevos

VERDURA

Manzanas

Paquete de salchichas

Tarro de mermelada

Yogur

Botella de leche

Loncha de jamón

Lata de refresco

Filete de ternera

Barra de pan

Bocadillo

CONGELADOS

Tarrina de mantequilla

Cuarto de queso

FRASES ÚTILES

Hay que ir a la compra, la nevera está casi vacía.

No hay pescado.

–¿Queda leche? / –Solo una botella.

Hace falta comprar verdura.

¿Cuántos yogures compro? / 4 naturales y 4 de fresa.

Lucía no come carne, es vegetariana.

Saca la tarrina de mantequilla de la nevera.

E JERCICIOS

P ALABRAS EN CONTEXTO

1 Lea el siguiente diálogo.

MARTA: Hay que hacer la lista de la compra. Dime qué hay en la nevera.

LUIS: Vamos a ver… No hay nada de **pescado.**

MARTA: Entonces podemos comprar **salmón…, sardinas** o **merluza.**

LUIS: Yo prefiero las **sardinas en lata.** Anota también **cuarto de gambas** para la paella.

MARTA: ¿Queda **carne?**

LUIS: Sí…, un **filete de ternera…,** ¡ah!, y un **paquete de salchichas.**

MARTA: ¿Compramos **cerdo** o mejor **cordero?**

LUIS: Mejor no compramos carne esta vez, pero sí **salami** para **bocadillos.** Además, tenemos **jamón serrano.**

MARTA: Oye…, ¿quedan **huevos?**

LUIS: Solo tres. Apunta una **docena de huevos…** y **queso fresco.**

MARTA: ¿Ya está?

LUIS: Sí… ¡Ah, no! Vamos a traer también unos **yogures,** que no hay más que uno.

MARTA: Y pan, no te olvides del pan, dos **barras de pan.** ¡Listo!

2 Marque la palabra que no pertenece a la serie.

a) salmón	pollo	sardina	merluza
b) paquete	tarro	mermelada	botella
c) jamón	queso	filete	salami
d) yogur	leche	queso	gambas
e) lata	kilo	docena	litro
f) pescado	tomate	carne	verdura
g) bocadillo	pan	huevo	sándwich

3 **Elija el párrafo que mejor define la palabra *bocadillo*.**

1. El bocadillo es un sándwich muy pequeño, que se puede comer de un solo mordisco.

2. Los bocadillos son pequeños aperitivos que se preparan para servir antes de la comida.

3. En España se usa la palabra bocadillo para referirse a un trozo grande de pan, cortado por el medio, y relleno con queso, jamón… o con otro alimento.

4. Es una masa de pan sin recubrir donde se colocan distintos alimentos: piña, tomate, queso…

4 **Para aprender a pedir estos alimentos, escoja la palabra adecuada del recuadro y complete.**

> lata / **docena** / tarro / paquete / tarrina / loncha
> barra / botella / litro / medio kilo

1. Una ......*docena*...... de huevos.

2. Un .... de mermelada.

3. Tres .... de jamón serrano.

4. Un .... de salchichas.

5. Una .... de pan.

6. Una .... de vino.

7. Un .... de leche.

8. Una .... de mantequilla.

9. .... de gambas.

10. Una .... de atún.

5 **Subraye la opción correcta.**

1. Esta noche ceno un **paquete** / <u>**filete**</u> de ternera.

2. A mi hermano no le gusta comer sin **gambas** / **pan**.

3. Unta **mantequilla** / **salchichas** en el pan.

4. Pon en el bocadillo una **tarrina** / **loncha de jamón**.

5. Abre una **lata** / **docena** de atún para la cena.

6. Prefiero tomar pescado **serrano** / **fresco** que pescado congelado.

6 **Relacione cada pregunta con su respuesta.**

1. ¿Te apetece jamón?

2. ¿Hay que comprar huevos?

3. ¿Quieres un yogur?

4. ¿Queda pan?

5. ¿Cenamos salchichas?

a) Vale, hay un paquete en la nevera.

b) Sí, uno de fresa.

c) Sí, una loncha, por favor.

d) Sí, una docena.

e) Sí, media barra.

7 Busque en esta sopa de letras ocho palabras referidas a los alimentos.

O	S	R	C	A	B	S	P	G	Y	L	I	T	N	R	A	F
J	A	M	O	N	C	K	O	R	R	E	J	R	Y	V	O	G
T	R	P	E	A	O	B	Z	E	Ñ	T	N	V	U	B	V	H
E	D	T	N	I	T	E	O	M	O	R	M	F	J	H	E	J
S	I	Y	T	R	N	N	P	C	I	A	D	S	K	Y	U	K
F	N	Z	W	A	W	P	C	S	A	L	C	H	I	C	H	A
P	A	N	B	F	F	Ñ	F	N	K	D	N	F	Q	V	B	H
O	B	T	D	B	E	A	E	J	S	B	I	E	A	S	D	N
L	N	Y	X	N	R	C	X	M	E	N	B	L	S	F	S	C
L	J	A	L	L	I	U	Q	E	T	N	A	M	L	G	E	S
O	Y	N	H	R	L	T	Q	U	E	S	O	V	R	O	R	R

8 Solucione este crucigrama.

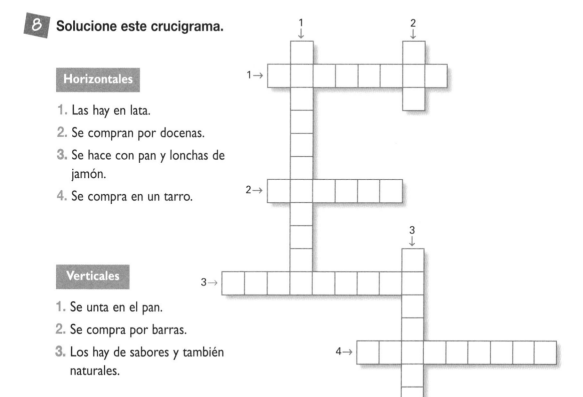

Horizontales

1. Las hay en lata.
2. Se compran por docenas.
3. Se hace con pan y lonchas de jamón.
4. Se compra en un tarro.

Verticales

1. Se unta en el pan.
2. Se compra por barras.
3. Los hay de sabores y también naturales.

¡FÍJESE!

Galletas
Chocolate
Aceitunas
ULTRAMARINOS
Cereales
Café
Azúcar
Aceite
Pasta
Fresas
FRUTERÍA
Sandía
Peras
Naranjas
Plátanos
Melón
Perejil
Ajos
VERDULERÍA
Tomates
Cebollas
Lechugas
Zanahorias
Patatas

FRASES ÚTILES

¿El último, por favor? / ¿Quién da la vez?

Buenos días, ¿qué deseaba?

Quería un kilo y medio de patatas.

¿Me da una bolsa de naranjas?

Han subido los huevos… ¡3 € la docena!

¿Me pone un poquito de perejil, por favor?

EJERCICIOS

PALABRAS EN CONTEXTO

1 **Lea el siguiente diálogo.**

– Buenos días, ¿qué deseaba?

– Buenos días, quería **cuarto de zanahorias, medio de cebollas** y 2 **kilos de patatas** para tortilla.

– Muy bien, enseguida (…). Aquí tiene. ¿Alguna cosa más?

– Sí, 1 kilo de **plátanos…** ¿A cómo son?

– A 2,50.

– Deme 1 kilo, por favor.

– ¿Qué más necesita?

– **Cuarto de fresas,** 1 **kilo** de **peras…,** un **melón…** Quiero hacer una macedonia, ¡ah!, y dos **cabezas de ajos.**

– Estos son muy buenos.

– Gracias. ¿Cuánto es todo?

– Son diez ochenta todo (10,80 €).

– Aquí tiene. Se me olvidaba, ¿me da un poquito de **perejil,** por favor?

2 **A Marta no le gusta comprar por Internet. Ella prefiere ir al mercado de su barrio, con la lista de la compra. Para ayudar a Marta a ordenar la compra en su carrito, tache lo que no corresponda en cada línea.**

a) Pan   plátano   fresa   naranja

b) Pera   queso   manzana   sandía

c) Chocolate galletas   cereales   carne

d) Lechuga   manzana   tomate   zanahoria

e) Salmón   aceite   merluza   sardinas

f) Ajo   cebolla   sandía   perejil

3 Lea este texto y elija el término adecuado.

Necesito **zanahorias** / **naranjas** para hacer una menestra de verduras, pues me encanta la **verdura** / **carne;** me gusta la alimentación sana. Pero también me gusta combinar los alimentos; por ejemplo, el **melón** / **perejil** con jamón, que es un plato típico de España. Con huevos y **patatas** / **sandía** hago tortilla para cenar, y en las ensaladas a veces me gusta echar **fruta** / **carne.** Prefiero comer frutas porque no se tienen que cocinar. No tomo azúcar con el **ajo** / **café.** Desayuno café con **cereales** / **aceite** todas las mañanas.

4 Rellene este esquema con los alimentos que conoce.

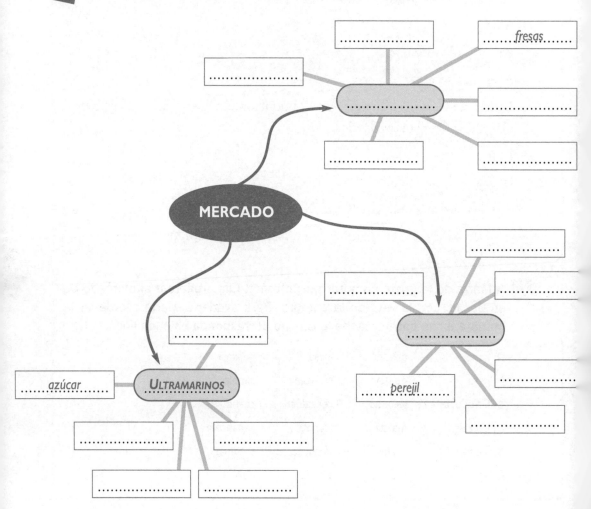

Los sufijos **-ero** / **-era** indican la profesión
y el sufijo **-ría** señala el lugar de trabajo.

5 **Creación de palabras. Lea el ejemplo y escriba las palabras correspondientes.**

PAN
- (el que vende o fabrica pan) → ....
- (lugar donde se vende pan) → ....

FRUTA
- (el que vende fruta) → ....
- (lugar donde se vende fruta) → ....

HELADO
- (el que vende o fabrica helado) → *heladero*..........................
- (lugar donde se vende helado) → *heladería*..........................

CARNE
- (el que vende carne) → ....
- (lugar donde se vende carne) → ....

PESCADO
- (el que vende pescado) → ....
- (lugar donde se vende pescado) → ....

6 **Resuelva el siguiente crucigrama.**

Horizontales

1. Sustancia blanca de sabor muy dulce.
2. Postre muy frío de sabores.
3. Dulce pequeño hecho con harina y cocido al horno.
4. Espagueti, macarrones…

Verticales

1. Fruto del olivo, de ella sale el aceite.
2. Alimento básico, hecho con agua y harina.
3. Se hace con cacao y azúcar.
4. Hierba aromática de color verde que se emplea para dar sabor.
5. Fruta grande y redonda, roja por dentro y verde por fuera.

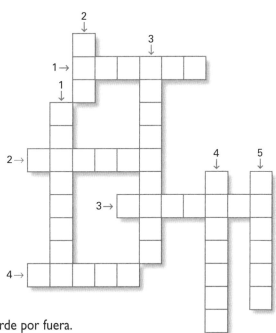

¡FÍJESE!

Jarra de agua

Salero

Aceitera

Vinagrera

Tenedor

Cafetera

Azucarero

Bandeja

Cuchillo

Taza

Copa

Cuchara

Vaso

Servilleta

Plato hondo

Plato llano

Mantel

FRASES ÚTILES

Hay que poner la mesa.

Recoge / Quita la mesa, por favor.

¿A qué hora comemos?

Quiero más azúcar. Por favor, pásame el azucarero.

¿Ponemos cucharas de postre o tenedor y cuchillo?

EJERCICIOS

PALABRAS EN CONTEXTO

1 Lea el siguiente texto y marque verdadero (V) o falso (F).

En los grandes almacenes PEQUEPRIX hay una oferta muy interesante para los jóvenes que van a independizarse y por tanto necesitan comprar todo para su nueva casa. La publicidad dice que cada pieza de todo lo que se necesita para **poner la mesa** vale 1 € solamente.

El conjunto de la oferta incluye: **platos llanos** para servir la comida; **platos hondos** para la sopa, el gazpacho o alguna crema, **platos de postre** y **tazas de café** con plato incluido. Para la bebida han puesto **vasos** y **copas de vino** a solo 1 €, además de **jarras** para el agua. La oferta también incluye los **cubiertos** para la comida y el postre: **cucharas, cuchillos** y **tenedores,** y otros elementos necesarios como un **mantel** plastificado que se limpia fácilmente y **servilletas** de tela del mismo color.

Sofía y Juan están felices porque van a tener todo lo necesario para invitar a sus amigos por muy poco dinero. Se han llevado la oferta completa, y por ese motivo les han dado una **cafetera** y una **bandeja** gratis.

	V	F
a) Poner la mesa es lo contrario de recoger la mesa.	☐	☐
b) Para servir un filete de pollo, usamos un plato hondo.	☐	☐
c) La cuchara es un cubierto.	☐	☐
d) Quitar la mesa es cambiarla de lugar.	☐	☐

2 En la cocina se han desordenado las cosas. Señale la que está fuera de su lugar.

1. Platos	latas	vasos	tazas
2. Cuchillo	tenedor	tarro	cuchara
3. Copa	cuchara	jarra	vaso
4. Mantel	salero	aceitera	vinagrera
5. Botella	servilleta	vaso	jarra

3 Observe los dibujos y complete las oraciones.

1. Pásame el .... , por favor. La sopa está sosa, le falta sal.

2. Tengo sed. Quiero un .... de agua con hielo.

3. Mi café está amargo. ¿Me acercas el .... , por favor?

4. Mi ensalada no está aliñada. ¿Puede traer la ....

y la .... Me gusta la ensalada con mucho vinagre.

5. Se te ha olvidado poner las .... para el helado.

6. Esta .... es muy antigua. Era de mi abuela y solamente la utiliza-

mos en ocasiones especiales.

7. Necesito un .... para el puré.

4 Ordene las letras para formar palabras.

1. AZTA ....

2. ELLTAVISRE ....

3. ELMATN ....

4. SOAV ....

5. DJEBNAA ....

6. CAARZUEOR ....

5 **Lea los siguientes enunciados y adivine de qué objeto se trata.**

1. Sirve para cortar la carne y el pan y para pelar la fruta.

....

2. Tiene varios dientes, pero no está en la boca.

....

3. Recipiente donde se toma la sopa.

....

4. Recipiente en el que se pone el aceite para servirlo con facilidad.

....

6 **Busque en esta sopa de letras diez palabras referidas a utensilios de cocina y mesa.**

P	R	C	D	A	H	G	I	A	I	C	B	N	I	W
I	O	D	U	P	I	B	I	A	R	A	H	C	U	C
D	S	P	L	C	D	A	A	M	U	F	F	I	T	D
E	L	Y	L	B	H	I	I	P	V	E	E	U	G	S
P	K	O	Q	A	E	I	E	F	O	T	R	Y	B	E
O	E	R	C	N	T	S	L	A	Y	E	I	T	N	R
R	N	L	U	D	C	O	I	L	Z	R	J	R	Y	V
S	S	P	J	E	O	N	Z	E	O	A	N	V	U	B
A	R	R	A	J	T	E	S	T	O	R	T	F	J	H
L	A	Y	T	A	N	N	P	N	I	A	D	S	K	O
E	O	Z	W	A	W	P	C	A	N	S	D	A	L	S
R	F	R	B	F	F	Ñ	F	M	K	F	N	F	Q	A
O	B	T	D	B	E	A	E	J	S	B	E	N	A	V

i FÍJESE!

Huevo frito con patatas

PLATOS COMBINADOS

MENÚ DEL DÍA

- **De primero:** ensalada o sopa de pescado.

- **De segundo:** filete a la plancha, merluza con mayonesa.

- **De postre:** tarta de chocolate, helado de vainilla o fruta. Café o té.

- **Bebidas:** agua mineral, cerveza o vino.

Hamburguesa con queso

Filete de ternera con patatas

Sándwich mixto con ensalada

F RASES ÚTILES

Tengo hambre, ¿tomamos un aperitivo?
Reserva una mesa para dos.
¿Qué quiere beber / tomar?
¿Me trae la carta, por favor?

¿Cuál es el menú / el plato del día?
Me gusta el filete bien hecho.
Tengo sed, voy a pedir una botella de agua.
Me encanta el zumo / jugo de naranja.

Ejercicios

Palabras en contexto

1 Lea este diálogo en un restaurante y marque verdadero (V) o falso (F).

Marta y Lucía han decidido salir a **cenar** fuera esta noche. El **camarero** les trae **la carta** y **toma nota** de lo que piden.

CAMARERO: Buenas noches, ¿qué desean para beber?

LUCÍA: Un **vino blanco.** Bien frío, por favor. ¡Ah! Y también una botella de **agua, que tenemos mucha sed.**

CAMARERO: ¿Van a comer ya o prefieren tomar antes un **aperitivo?**

LUCÍA: Mejor comemos ya. Yo **de primero** quiero algún plato con verduras.

CAMARERO: **¿Verduras a la plancha?**

LUCÍA: Perfecto.

MARTA: Yo una ensalada… con lechuga, huevos, aceitunas y atún.

CAMARERO: Una **ensalada mixta,** muy bien… ¿Y **de segundo?**

MARTA: Para mí **pollo asado,** por favor.

LUCÍA: Yo prefiero **pasta** con **salsa de tomate** y queso.

CAMARERO: ¿Van a querer algo **de postre?**

MARTA: Sí, claro, (a Lucía) aquí están buenísimos los **postres** dulces: los **helados** y las **tartas.** ¿Nos trae **la carta de postres?** (…)

LUCÍA: Yo tomaré **tarta de manzana.**

MARTA: Y yo **helado de chocolate.**

CAMARERO: ¿Alguna **infusión** o **café** van a tomar?

MARTA: **Té con leche** para mí.

LUCÍA: Y para mí un **café solo,** sin azúcar. Gracias. Ah, y **nos trae la cuenta,** por favor. (…)

MARTA: **Deja propina,** ¿vale?

	V	F
a) Las dos amigas piden vino porque tienen sed.	☐	☐
b) Marta es vegetariana y por eso no come carne.	☐	☐
c) No toman nada después del postre.	☐	☐
d) La ensalada mixta tiene ingredientes variados.	☐	☐
e) Lucía pide un café sin leche.	☐	☐

2 Elabore su propia carta. Elija uno de estos platos y colóquelos en la columna adecuada.

> pollo asado / **sopa** / espaguetis / **merluza** / sardinas / tarta de fresa
> **helado de chocolate** / arroz con gambas / ensalada mixta / menestra de verduras
> arroz con leche / filete de ternera / carne con patatas / melón / yogur

DE PRIMERO	DE SEGUNDO	DE POSTRE
sopa	merluza	helado de chocolate

3 Imagine un diálogo en un restaurante. Usted es el camarero, complete adecuadamente.

1. El camarero: *Buenos días, ¿tiene mesa reservada?*

El cliente: Buenos días. Sí, tengo una mesa reservada a nombre de Marta López.

2. El camarero: ....

El cliente: Pues sí, me apetece mucho tomar un aperitivo.

3. El camarero: ....

El cliente: Sí, por favor, me gustaría ver la carta de vinos.

4. El camarero: ....

El cliente: De primero voy a tomar una sopa de pescado, por favor.

5. El camarero: ....

El cliente: De segundo, filete de ternera poco hecho.

6. El camarero: ....

El cliente: Sí, un zumo de naranja.

7. El camarero: ....

El cliente: No, gracias, mejor una infusión. Y cuando pueda, me trae la cuenta.

4 Fede cuenta a su amiga colombiana algunas costumbres españolas. Lea el texto y conteste verdadero (V) o falso (F).

En España, los domingos es muy normal salir a tomar algo con los amigos antes de comer o salir a tomar café después de comer. Incluso, los domingos el tiempo que se destina al desayuno es más largo que otros días, pues leemos el periódico mientras desayunamos. En general se toma café con leche o chocolate. Antes de comer salimos a tomar un aperitivo en algún bar del barrio; se suele comer un pincho de tortilla, aceitunas... acompañados de una cerveza o de algún vino. Normalmente tomamos algo dulce con el café o el té: tarta, galletas... En España, además, después de comer permanecemos mucho tiempo sentados a la mesa tomando café y hablando entre nosotros. Ah, y cenamos más tarde que el resto de los europeos.

	V	F
1. En España no hay costumbre de desayunar.	☐	☐
2. Tomar un aperitivo es "picar" algo antes de comer.	☐	☐
3. La comida es un acto social para los españoles.	☐	☐
4. Un bar no es lo mismo que un restaurante.	☐	☐

5 Escriba las siguientes palabras según crea que correspondan a un bar o a un restaurante.

tomar un vino / menú / aperitivos / segundo plato
sentado / de pie / en la mesa / en la barra

EN EL BAR	EN EL RESTAURANTE
Tomar un vino......................................	....
....	....
....	....
....	....

¡ FÍJESE !

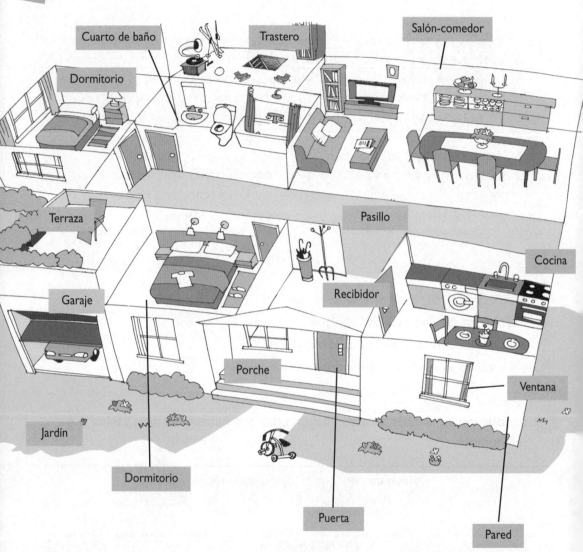

Cuarto de baño

Trastero

Salón-comedor

Dormitorio

Terraza

Pasillo

Cocina

Garaje

Recibidor

Porche

Ventana

Jardín

Dormitorio

Puerta

Pared

FRASES ÚTILES

¿Vives en un piso o en un chalé?

Vivo en un apartamento.

¿Tiene plaza de garaje tu casa?

Javier vive en un quinto sin ascensor.

Dentro de poco me mudaré de casa.

La pieza de la casa que más me gusta es la terraza.

Yo vivo de alquiler.

Yo comparto piso con unos compañeros.

E JERCICIOS

P ALABRAS EN CONTEXTO

1 **Lea el diálogo y marque después verdadero (V) o falso (F).**

PIERRE: Tengo que cambiarme de **piso,** pero no sé si encontraré alguno que pueda pagar. Están muy caros los pisos en Madrid.

PATRICK: Yo vivo en un **apartamento** compartido, que es más barato.

INGRID: Yo también vivo en un apartamento compartido, pero mi sueño es tener una **casa** grande con **jardín.**

PATRICK: ¿Y cómo sería esa casa?

INGRID: Tendría tres **dormitorios** y dos **baños,** una **cocina** grande, un **salón-comedor** y un jardín alrededor.

PIERRE: Pero debe de ser muy cara una casa tan grande, ¿no?

INGRID: Supongo, pero soñar no cuesta nada.

PATRICK: Pues mi casa ideal sería de otra manera. A mí me gustaría tener un **ático** con una **terraza** enorme desde donde poder ver toda la ciudad. Con un dormitorio, un cuarto de baño, una cocina pequeña y un salón con mucha luz…, y sin **pasillo.** ¡Ah!, se me olvidaba, y con **ascensor,** claro.

PIERRE: El piso de mis padres en París tiene un pasillo larguísimo. La casa de mis sueños no tiene pasillo, pero sí un **porche** enfrente de la piscina, **garaje** y un **despacho** para trabajar.

INGRID: ¡Eso sí que es caro!

PIERRE: Pero ¿no has dicho que soñar es gratis?

	V	F
a) Patrick vive con algunos amigos.	☐	☐
b) A Ingrid le gustan los chalés.	☐	☐
c) Pierre prefiere su casa de París.	☐	☐
d) Los pisos son baratos en Madrid.	☐	☐
e) La casa ideal de Patrick es un último piso.	☐	☐

2 Después de mucho buscar, Pierre ha seleccionado estos anuncios. Complete la tabla para poder tomar una decisión correcta al comprar su piso.

VENDO PISO COMPLETAMENTE NUEVO EN BARCELONA. 416.000 €

PISO de 105 m², 2 dormitorios, baño completo, salón-comedor de 25 m², cocina amueblada, terraza de 25 m², calefacción central, ascensor. Con plaza de garaje.

PINEDA DE MAR, ÁTICO DÚPLEX 380.000 €

Ático dúplex, todo exterior, luminoso, vistas al mar. 70 m² útiles, 3 habitaciones dobles. Una tipo suite. Chimenea. Cocina con office. Baño. 30 m² de terraza. Jardín y piscina. 2 plazas de garaje. Trastero.

	Piso en Barcelona	Piso en Pineda del Mar
Inconvenientes		
	....	....
	....	....
	....	....
	....	....
	....	....
Ventajas		
	....	....
	....	....
	....	....
	....	....
	....	....

3 Marque el intruso.

1. Piso — apartamento — ático — pasillo
2. Cocina — ascensor — baño — salón-comedor
3. Garaje — trastero — dúplex — terraza
4. Dormitorio — jardín — terraza — porche

4 Busque doce palabras relacionadas con la casa.

O	R	E	T	S	A	R	T	U	B	V	D	S	D
W	E	V	M	G	B	T	E	J	A	R	A	G	G
E	R	F	O	N	M	F	R	O	E	D	B	F	R
P	T	S	G	C	D	D	R	N	R	E	F	G	E
T	A	A	B	I	I	B	A	M	T	R	F	H	W
Y	U	S	M	U	F	T	Z	P	Y	T	P	J	Q
E	I	W	I	G	T	H	A	Ñ	U	H	G	K	R
H	N	R	J	L	U	J	R	C	I	P	I	S	O
C	M	V	K	S	L	K	Y	D	M	K	N	K	D
R	D	B	O	F	P	O	I	S	J	L	H	J	E
O	J	N	L	C	N	Y	O	W	K	Ñ	Y	H	M
P	M	G	M	R	O	D	I	B	I	C	E	R	O
I	J	A	R	D	I	N	F	U	V	U	A	D	C
O	T	N	E	M	A	T	R	A	P	A	T	E	X

5 Clasifique las palabras en su casilla correspondiente.

apartamento / cocina / dormitorio / trastero / piso / terraza / baño / pasillo
dúplex / garaje / recibidor / porche / comedor / ático / jardín / salón

Tipos de casa	Zonas de interior	Zonas de exterior	Zonas auxiliares
dúplex			

EN CASA (I): LA COCINA

¡ FÍJESE !

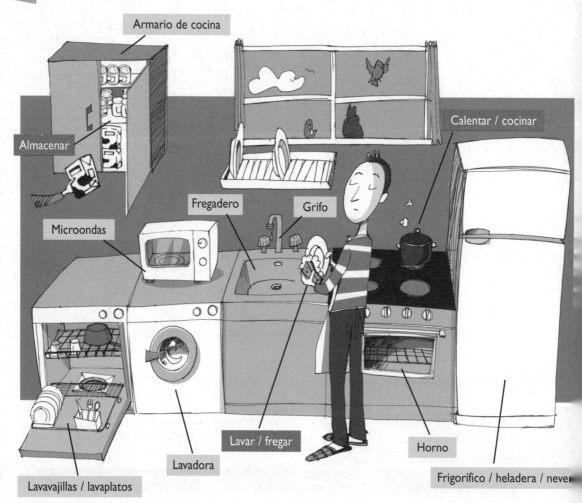

Armario de cocina

Almacenar

Calentar / cocinar

Microondas

Fregadero

Grifo

Lavar / fregar

Lavadora

Horno

Lavavajillas / lavaplatos

Frigorífico / heladera / nevera

FRASES ÚTILES

Cierra el grifo.

Pon la lavadora, por favor. Hay mucha ropa sucia.

El pollo está en el horno.

No me gusta calentar comida en el microondas.

Mete los platos sucios en el lavavajillas.

A Laura le gusta comer, pero no cocinar.

EJERCICIOS

PALABRAS EN CONTEXTO

1 Lea el siguiente diálogo y conteste verdadero (V) o falso (F).

MARTA: Hola, Daniel, ¿qué haces?

DANIEL: Estoy viendo qué voy a comprar para mi cocina.

MARTA: ¿Ya tienes piso?

DANIEL: Sí, pero la cocina está vacía: no hay nada.

MARTA: ¿Qué quieres comprar?

DANIEL: Mira lo que dicen en esta revista: "La cocina es el lugar más importante de la casa porque es donde se prepara la comida".

MARTA: Pues es verdad. Sigue.

DANIEL: "Tiene varias zonas de trabajo: la zona para **cocinar…**".

MARTA: Donde están la **cocina** y el **horno.**

DANIEL: Y el **microondas.**

MARTA: Sí.

DANIEL: "La zona para **lavar** alimentos…".

MARTA: Y para **fregar** los platos: el **fregadero.**

DANIEL: ¿Eso no es el **lavavajillas?**

MARTA: Sí, pero también se pueden lavar en el fregadero. No todo el mundo tiene lavavajillas. ¿O dónde lavas tú las verduras y las frutas?

DANIEL: Ya, claro, las lavo en el fregadero.

MARTA: A ver, sigue con el folleto.

DANIEL: "La zona para **conservar** y **almacenar** los alimentos, donde están la **nevera** y los **armarios**". Y ya está.

MARTA: Bueno, pues tienes que comprar una nevera, un lavavajillas, un horno, una cocina, un microondas…

	V	F
a) Daniel tiene que amueblar la cocina de su piso.	☐	☐
b) La fruta se puede conservar en el microondas.	☐	☐
c) Todo el mundo tiene lavavajillas.	☐	☐
d) Daniel lava las verduras en el fregadero.	☐	☐
e) La nevera y los armarios sirven para almacenar.	☐	☐

2 Clasifique los siguientes objetos según las acciones correspondientes.

frigorífico / lavavajillas / fregadero
horno / armario / microondas
lavadora / grifo / cocina

Lavar	Fregar	Cocinar	Almacenar	Calentar
....*lavadora*....	....	....	....	....
....	....	....	....	....
....	....	....	....	....
....	....	....	....	....

3 Complete las oraciones con las palabras adecuadas.

1. Saca la fruta de la n e v e r a. No me gusta tomarla fría.

2. Abre el g _ _ _ o del f _ e _ _ _ e _ o. Tengo que lavar la fruta.

3. Calienta el pollo en el m _ _ _ o _ _ _ _ s. No, perdona, mejor en el h _ _ _ o.

4. Mete los platos en el l _ _ a _ a _ _ _ _ _ s, y luego guárdalos en el ar _ a _ _ o.

5. Antes de _ _ner el lavavajillas, tienes que colocar bien los p_ _tos.

4 ¿Qué palabras son? Ordene las letras.

1. VERNEA ....

2. FIRGO ....

3. MARAIRO ....

4. HOORN ....

5. CANICO ....

a
b
c

5 Empareje las palabras de las dos columnas para formar enunciados.

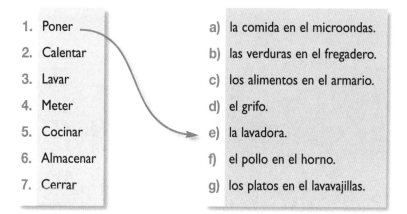

1. Poner
2. Calentar
3. Lavar
4. Meter
5. Cocinar
6. Almacenar
7. Cerrar

a) la comida en el microondas.
b) las verduras en el fregadero.
c) los alimentos en el armario.
d) el grifo.
e) la lavadora.
f) el pollo en el horno.
g) los platos en el lavavajillas.

6 Busque en la sopa de letras doce palabras relacionadas con la cocina.

P	R	E	D	A	H	G	L	A	V	A	P	L	A	T	O	S
I	O	D	Y	P	I	H	E	L	A	D	E	R	A	B	F	F
D	S	A	L	U	D	A	A	M	U	A	F	I	T	D	V	R
E	L	R	A	T	N	E	L	A	C	F	E	H	G	S	X	E
P	K	O	Q	R	E	L	E	C	O	H	R	O	F	I	R	G
O	E	R	C	A	F	S	L	E	Y	L	I	R	N	R	A	A
R	N	M	I	C	R	O	O	N	D	A	S	N	Y	V	W	R
T	S	P	E	A	E	N	Z	A	Ñ	T	R	O	U	B	Q	H
E	N	T	N	I	G	E	S	R	O	R	M	M	J	H	T	J
S	A	L	A	V	A	D	O	R	A	A	D	S	A	Y	I	K
F	O	Z	W	A	D	P	C	O	N	S	D	A	L	R	M	E
V	F	R	B	F	E	Ñ	F	H	K	F	N	F	Q	A	I	H
C	O	N	S	E	R	V	A	R	S	B	E	E	A	V	D	O
R	N	Y	X	N	O	C	X	J	E	N	B	R	S	A	S	C
T	J	U	F	M	T	L	S	M	R	S	E	T	E	L	E	S
Y	Y	N	H	R	L	T	W	K	G	R	R	V	R	N	R	R

i FÍJESE!

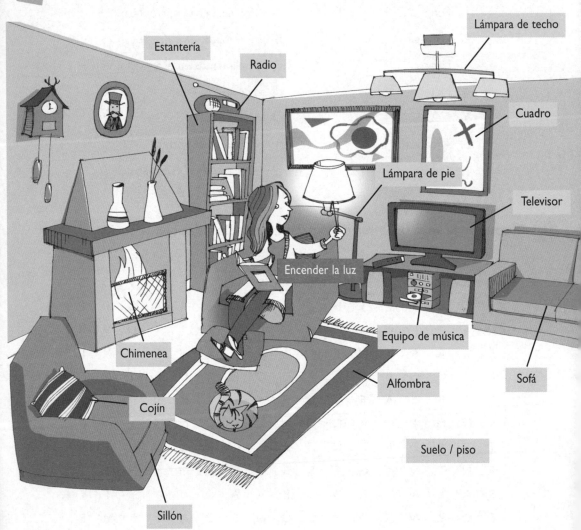

Lámpara de techo

Estantería

Radio

Cuadro

Lámpara de pie

Televisor

Encender la luz

Equipo de música

Chimenea

Alfombra

Sofá

Cojín

Suelo / piso

Sillón

F RASES ÚTILES

De noche, me gusta escuchar música en el salón.

¿Puedes apagar la luz? Hay demasiada claridad.

Siéntate en el sofá, estarás más cómodo.

Tengo una estantería llena de libros.

Me gusta sentarme junto a la lámpara de pie para leer.

EJERCICIOS

PALABRAS EN CONTEXTO

1 Lea la descripción que hace Sara, una estudiante americana, de su salón.

La sala de estar de mi casa no es muy amplia. Hay un **sofá** muy cómodo, donde **se sientan** mi padre y mi madre cuando vienen a visitarme para **ver** la **televisión.** Tengo dos **cuadros** abstractos colgados en la **pared,** dos **sillones** cerca de la **chimenea,** uno a cada lado, y una **alfombra** de lana en el **suelo.** En el **techo** hay una **lámpara** muy moderna que ilumina muy bien, y al lado de un sillón hay **una lámpara de pie.** Como me gusta mucho leer, tengo una **estantería** con muchos libros.

A mí no me gusta mucho ver la tele y, a veces, me siento en un **sillón** o en el suelo, **enciendo la luz** y **escucho la radio.** ¡Me encanta!

2 Marque si las oraciones son verdaderas (V) o falsas (F).

	V	F
a) El sofá está cerca de la chimenea.	☐	☐
b) Sara prefiere la televisión a leer en el sillón.	☐	☐
c) Tiene muchos cuadros por las paredes.	☐	☐
d) A veces, prefiere sentarse en el suelo a escuchar la radio.	☐	☐
e) El sofá es el lugar preferido de sus padres.	☐	☐

3 Ayude a Carmen a descifrar este mensaje.

¡Hola!, somos de la tienda de muebles. Le comunico que ya están aquí sus dos .... (llosenis), su .... (faos) y su .... (paralam). Pero hasta mañana no estarán ni los .... (jocisen) ni la .... (fabromla). Un electricista irá a instalarle la lámpara de .... (coteh). Muchas gracias.

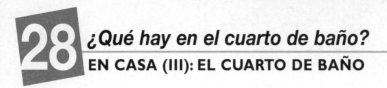

¡FÍJESE!

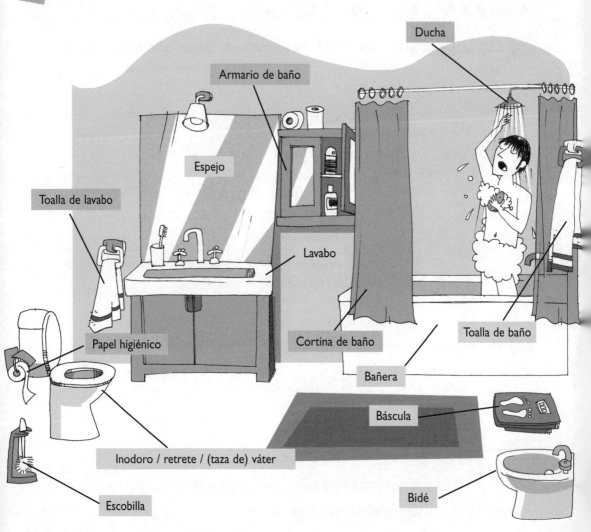

Ducha

Armario de baño

Espejo

Toalla de lavabo

Lavabo

Papel higiénico

Cortina de baño

Toalla de baño

Bañera

Báscula

Inodoro / retrete / (taza de) váter

Escobilla

Bidé

FRASES ÚTILES

¿Dónde está el cuarto de baño?

A ellos no les gusta ducharse por la noche.

¿Dónde están los rollos de papel higiénico?

Cuando uses el váter, no te olvides de tirar de la cadena.

Limpia bien la taza con la escobilla, por favor.

EJERCICIOS

PALABRAS EN CONTEXTO

1 Después de varios meses en la jungla, Alberto ha vuelto a casa. Lea el siguiente diálogo con su compañero de piso.

ALBERTO: ¡Por fin **un cuarto de baño**!

ALEJANDRO: Sí, desde luego, **dúchate** ya, porque…, ¡qué olor, Dios mío!

ALBERTO: Mira, ¡una **bañera**!

ALEJANDRO: Oye, ¿por qué no te miras en el **espejo**? Estás muy sucio.

ALBERTO: Sí, me voy a duchar. ¿Dónde están las **toallas de baño**?

ALEJANDRO: Donde siempre, en el **armario**.

ALBERTO: Pero antes me voy a pesar en la **báscula**. Seguro que he perdido peso.

ALEJANDRO: Olvídate de eso. La báscula no funciona.

ALBERTO: Bueno, pues si no te importa… ¿me puedes dejar solo? Necesito…

ALEJANDRO: De acuerdo. Me voy. Oye, recuerda que existe algo llamado **escobilla**. Úsala.

ALBERTO: Sí, no te preocupes. (…) Alejandro, ¡no hay **papel higiénico**!

ALEJANDRO: Pues lo siento, pero no hay. Tenemos que comprarlo.

ALBERTO: Quizás estaba mejor en la jungla.

2 Marque verdadero (V) o falso (F).

	V	F
a) Alberto quiere ducharse.	☐	☐
b) Las toallas de baño están en el armario.	☐	☐
c) Alberto no sabe si ha perdido peso.	☐	☐
d) Alberto no necesita papel higiénico.	☐	☐

3 ¿Qué palabras son? Ordene las letras.

1. NODIROO: ....
2. UCHAD: ....
3. ALLATO: ....
4. DEBI: ....
5. JESPOE: ....
6. VOLABA: ....

4 ¿Dónde se usan los siguientes objetos?

espejo / escobilla / toalla de baño / cortina de baño / papel
higiénico / **toalla de lavabo**

LAVABO	BAÑERA	TAZA DE VÁTER
........toalla de lavabo.........	....	....
....	....	....
....	....	....
....	....	....

5 Complete la carta que Alberto le escribe a su amiga Elena desde la jungla.

Hola, Elena:

¿Cómo estás?

En tu última carta, me preguntas qué echo de menos en la jungla. Echo de menos muchas cosas, especialmente cosas del c u a r t o de b _ _ o. Por ejemplo, una b _ _ _ _ a con agua muy caliente para bañarme o una simple d _ _ _ a; secarme con una gran t _ _ _ _ a de b _ _ _ o poder usar una t _ z _ de v _ _ _ r limpia. Piensa que aquí solo tenemos un r _ _ _ _ _ e viejo y sucio y tenemos muy pocos r _ _ l _ s de p _ _ _ l h _ _ i _ _ _ _ o. Tampoco tenemos e _ _ _ _ _ o para mirarnos ni b _ _ e, pero eso no me importa. De todas formas, la experiencia es maravillosa.

Un beso y hasta pronto.

Alberto

6 Marque el término intruso.

1. Bidé   inodoro   cortina de baño

2. Lavabo   bañera   espejo

3. Escobilla   ducha   bañera

4. Ducha   váter   papel higiénico

7 Relacione las dos columnas.

1. Utiliza
2. Guarda el papel higiénico
3. Lávate las manos
4. Después de la ducha
5. Pésate

a) en el lavabo.
b) la escobilla en el váter.
c) en la báscula.
d) en el armario del baño.
e) sécate con la toalla de baño.

8 ¿A qué se refieren las siguientes adivinanzas?

A
Cuando te veo me ves,
cuando me ves te veo,
y no te parezco feo.
....

B
Cuanto más se moja
más te seca.
....

C
Puedes jugar dentro de ella
y, aunque no puedes nadar,
si no tienes cuidado
te puedes ahogar.
....

D
Si te subes en mi espalda,
te digo tu peso y talla
y no hablo ni palabra.
....

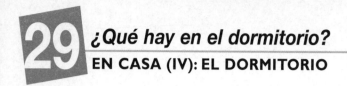

29 ¿Qué hay en el dormitorio?

EN CASA (IV): EL DORMITORIO

¡FÍJESE!

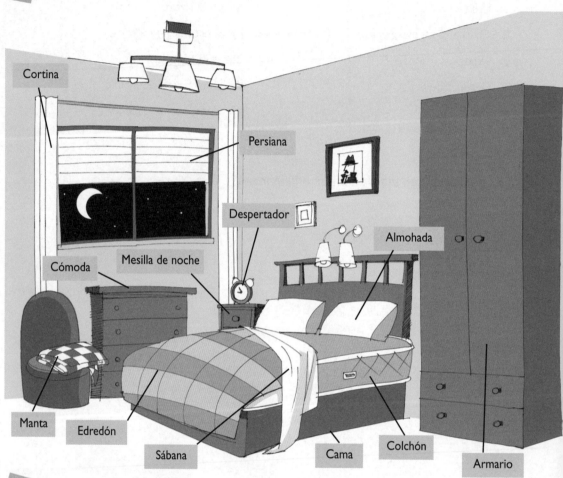

- Cortina
- Persiana
- Despertador
- Almohada
- Cómoda
- Mesilla de noche
- Manta
- Edredón
- Sábana
- Cama
- Colchón
- Armario

FRASES ÚTILES

No te olvides de hacer la cama antes de salir de casa.

Me voy a la cama, tengo mucho sueño.

Cambia las sábanas, que están sucias.

Tienes que poner el despertador muy temprano, a las seis.

Levántate ya, que es muy tarde.

Yo prefiero dormir sin almohada; para mí es más cómodo.

Me gusta dormir con la persiana subida.

Corre las cortinas, para que no entre luz.

EJERCICIOS

PALABRAS EN CONTEXTO

1 Lea esta nota que la Sra. López le ha dejado a Juan.

Instrucciones mientras no estoy en casa:

1.º Las **sábanas**, la **manta** y la **almohada** están dentro del **armario**.

2.º Puedes usar todos los **cajones** de la **cómoda** para guardar tus cosas.

3.º Hay que **hacer la cama** todos los días.

4.º Hay que **cambiar las sábanas** todas las semanas.

5.º **Poner el despertador** a las ocho todos los días. Está encima de la **mesilla de noche**.

6.º Si tienes mucho frío, hay un **edredón** dentro del armario.

2 Marque verdadero (V) o falso (F).

	V	F
a) Juan puede guardar su ropa en la cómoda.	☐	☐
b) Juan tiene que levantarse todos los días a las nueve.	☐	☐
c) A Juan le hace la cama la Sra. López.	☐	☐
d) Cada siete días Juan debe poner sábanas limpias.	☐	☐

3 ¿Qué palabras son? Ordene las letras.

1. SANTIROC ....
2. DOMACO ....
3. SELLIMA ....
4. RPESANIA ....
5. CHOCLON ....
6. BASANA ....
7. NATAM ....
8. ERDSPERDTAO ....

4 Relacione.

1. Las sábanas se ponen
2. La mesilla de noche se coloca
3. El despertador suele estar
4. La manta se pone
5. La manta y las sábanas se guardan

a) encima de la sábana.
b) en el armario.
c) encima del colchón.
d) encima de la mesilla.
e) al lado de la cama.

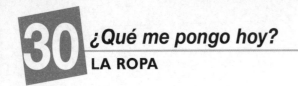

30 ¿Qué me pongo hoy?
LA ROPA

¡ FÍJESE !

Probador

Traje   Abrigo

HOMBRES

MUJERES

Jersey

Blusa   Pantalones

Pijama

Pantalones

Sujetador

Bañadores

Brag

Camisa

Vestido

Chaque

Camiseta

Falda

Calcetines

Calzoncillos

Medias

FRASES ÚTILES

Quítate esa chaqueta y ponte otra más elegante.

Llevas una camisa muy bonita. ¿Dónde la compraste?

Perdone, ¿me puedo probar este vestido?

Disculpe, ¿dónde está el probador?

Pruébese este traje, a ver si le gusta.

EJERCICIOS

PALABRAS EN CONTEXTO

1 **Ana y Luis están en una tienda de ropa. Lea el siguiente diálogo entre ellos.**

ANA: Luis, vamos a ver los **vestidos.** Los que tengo están ya muy viejos.

LUIS: No, mejor vamos antes a ver **bañadores.** Recuerda que la semana próxima viajamos a Mar del Plata y quiero comprarme un par de bañadores nuevos.

ANA: Es verdad. Pues yo también me voy a comprar un bañador y un **biquini.**

LUIS: Oye, creo que voy antes a la zona de **ropa interior,** a ver si encuentro unos **calzoncillos** que me gusten.

ANA: ¿Y por qué no te compras también unos **pantalones vaqueros?** No entiendo por qué no tienes unos **jeans.** Son tan cómodos.

LUIS: Porque no me gusta **llevar** vaqueros. A mí me gusta **vestir** más formal. Los jeans no me parecen elegantes.

ANA: Eso son tonterías tuyas. Pero no pienso cambiarte. Llevas **traje** todo el tiempo. Nunca te pones **camisetas.** Siempre vas con **camisas.** La verdad es que eres tan clásico…

LUIS: Y tú eres una pesada. ¿Sabes qué? Ve a **probarte** tus vestidos que yo me voy a buscar otro traje para el viaje.

ANA: Mucho mejor así, porque hoy estás insoportable.

2 **Marque verdadero (V) o falso (F).**

	V	F
a) Ana quiere comprarse un bañador.	☐	☐
b) Luis quiere ver pantalones vaqueros.	☐	☐
c) Luis siempre viste traje.	☐	☐
d) Ana va a quitarse el vestido.	☐	☐

3 **Tache la palabra que no pertenece al grupo.**

1. Sujetador   bragas   falda   calzoncillos
2. Camiseta   camisa   biquini   jersey
3. Pijama   pantalones   chaqueta   traje

4 Clasifique las palabras en su casilla correspondiente.

camiseta chaqueta **calzoncillos** jersey falda camisa vestido

biquini sujetador bragas vaqueros traje calcetines blusa

bañador medias

ROPA INTERIOR	ROPA DE VESTIR	ROPA INFORMAL	ROPA DE BAÑO
..... calzoncillos	....	....	....
....	....	....	....
....	....	....	....
....	....	....	....
....	....	....	....
....	....	....	....

5 ¿Qué palabras son? Ordene las letras.

1. TLAPANONSE ....

2. AEHTACUQ ....

3. ZACONLILLOCS ....

4. BRAGIO ....

5. JESATUDRO ....

6. SADMEI ....

7. ROBOPARD ....

6 Adivine qué han comprado Ana y Luis.

1. Ana ha comprado un b _ _ u _ _ i, un b _ ñ _ _ _ _ y un v _ _ t _ _ o.

2. Luis ha comprado unos p _ n _ _ _ o _ _ s, unos c _ _ z _ _ _ i _ _ _ s y una ch _ _ u _ _ a.

7 Relacione las dos columnas.

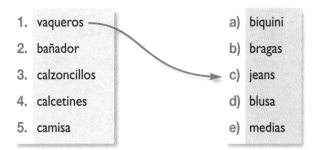

1. vaqueros
2. bañador
3. calzoncillos
4. calcetines
5. camisa

a) biquini
b) bragas
c) jeans
d) blusa
e) medias

8 Subraye la opción correcta.

1.

–Hijo, no entiendo por qué nunca **te quitas** / **te pones** esa chaqueta roja. Ya sabes que no me gusta nada.

–Pues lo siento, pero a mí me encanta **probarme** / **llevar** esta chaqueta.

2.

–Perdone, ¿dónde puedo **quitarme** / **probarme** este vestido?

–Sí, mire, al fondo, junto a los servicios, está el **bar** / **probador.**

3.

–Hoy tengo una reunión muy importante. Por eso quiero **quitarme** / **ponerme** el traje gris, que es muy elegante.

–¿Y por qué no **te pones** / **te quitas** el traje marrón?

9 Escriba seis prendas de ropa que solamente lleva la mujer.

1. ....
2. ....
3. ....

4. ....
5. ....
6. ....

¡FÍJESE!

COMPLEMENTOS

Sombrero · Gorra · Pañuelo · Bolso · Mochila · Bufanda · Guantes · Cinturón · Paraguas · Pañuelos · Gafas de sol

ZAPATERÍA

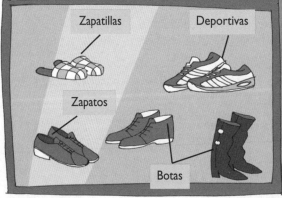

Zapatillas · Deportivas · Zapatos · Botas

BISUTERÍA

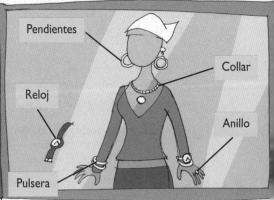

Pendientes · Collar · Reloj · Anillo · Pulsera

FRASES ÚTILES

No te olvides del paraguas. Está lloviendo.

Pruébate estas botas. Son ideales para la montaña.

Por su aniversario, Tomás le regaló un anillo.

Se te caen los pantalones. ¿Por qué no te pones un cinturón?

Vamos a ver escaparates.

EJERCICIOS

PALABRAS EN CONTEXTO

1 Tomás quiere comprarle un regalo a su novia por su aniversario. Lea el siguiente diálogo y marque después verdadero (V) o falso (F).

TOMÁS: Mira, ese **bolso** es bonito, ¿no?

JORGE: Pero ¿cómo vas a regalarle un bolso a tu novia? Regálale mejor un **anillo.** Mira, ven. En este **escaparate** hay muchas cosas. Fíjate qué **reloj** más elegante.

TOMÁS: Oye, no exageres. Estoy buscando un regalo por nuestro aniversario, no para nuestra boda. Mira, yo quiero comprarle unos **guantes,** un **cinturón** o unas **gafas de sol...** Algo así.

JORGE: ¡Que no, hombre! Cómprale un **collar,** unos **pendientes** o una **pulsera...**

TOMÁS: ¿Y unos **zapatos?** El problema es que no sé su número...

JORGE: Oye, si no tienes mucho dinero puedes comprarle una **bufanda** o un **pañuelo.** O mejor: ¿A ella no le gusta ir de excursión? Pues regálale una **mochila** y unas **botas.**

TOMÁS: No sé qué hacer. ¿Qué te parece un **paraguas?**

JORGE: ¡Uf! ¡Un paraguas! ¡Qué poco romántico eres!

TOMÁS: Bueno, tampoco ella es muy romántica. Por mi cumpleaños me regaló unas **deportivas.**

JORGE: ¡Vaya dos! Tal para cual.

	V	F
a) Tomás quiere regalarle un bolso a su novia.	☐	☐
b) A Jorge le gustan los relojes.	☐	☐
c) A Jorge no le parece romántico regalar un paraguas.	☐	☐
d) Tomás sabe qué número de zapatos tiene su novia.	☐	☐

2 Indique la parte del cuerpo *(cabeza / mano / pies / cuello)* con que se relacionan estos objetos.

Sombrero	.... *cabeza* ....
Deportivas	....
Reloj	....
Anillo	....
Gorra	....
Botas	....
Pendientes	....
Bufanda	....
Collar	....
Pulsera	....
Zapatillas	....
Corbata	....
Guantes	....
Gafas de sol	....

3 Complete las palabras de la carta siguiente.

Querida Celia:

No sé qué me va a regalar Tomás por nuestro aniversario, porque ayer nos paramos delante de un e s c ap a r a t e donde había b _ l _ _ s, g _ f _ s de s _ l, c _ _ _ u r _ n _ s y otras cosas, ¡todo precioso!, y me preguntó si me gustaba algo.

"Todo, incluso un p _ _ a _ _ _ s, me gusta, cariño", le dije. ¿Tú crees que me va a comprar unos p _ n _ ie _ t _ _ o un r _ _ o _? ¡Me muero por saberlo! Ya te contaré.

Un beso,

Isabel

4 Relacione las palabras con sus definiciones.

1.	Sombrero	a)	Tira de tela que llevan los hombres enlazada en el cuello.
2.	Cinturón	b)	Zapatos de tela para estar por casa.
3.	Corbata	c)	Se usa para no mojarse cuando llueve.
4.	Zapatillas	d)	Tira de piel u otro material que sirve para sujetar los pantalones.
5.	Mochila	e)	Se usa para cubrir la cabeza.
6.	Paraguas	f)	Se lleva alrededor del cuello para protegerse del frío.
7.	Bufanda	g)	Bolsa que se lleva en la espalda.
8.	Gafas de sol	h)	Protege los ojos de la luz.

5 Busque en la sopa de letras diez palabras referidas a complementos y calzado.

B	R	E	D	A	L	I	H	C	O	M	B	N	I	W	O	M
O	O	D	Y	P	I	B	I	L	M	T	Y	O	R	B	F	N
T	S	A	L	U	D	A	A	M	U	A	F	I	T	D	V	D
A	L	Y	J	G	M	I	I	P	V	F	E	U	G	S	X	C
S	N	O	Q	R	E	L	E	F	O	H	R	Y	B	E	Z	D
O	E	I	C	A	B	S	O	L	E	U	Ñ	A	P	R	A	F
R	N	L	L	I	C	K	I	R	R	E	J	U	Y	V	W	G
T	S	P	E	L	J	N	Z	G	Ñ	T	L	V	U	B	Q	H
E	N	T	N	I	O	E	S	O	O	S	M	F	J	H	T	J
S	A	Y	T	R	L	N	P	R	E	A	D	S	K	Y	I	K
F	O	Z	W	A	E	R	C	R	N	S	D	E	L	J	M	E
V	F	R	B	F	R	Ñ	A	A	K	F	N	T	Q	V	B	H
D	B	T	D	B	E	A	E	L	S	B	E	N	A	S	D	N
R	N	Y	X	N	R	C	X	M	L	N	B	A	S	F	S	C
T	J	U	F	M	T	L	S	K	N	O	R	U	T	N	I	C
Y	Y	N	H	R	L	T	W	M	G	R	C	G	R	N	R	R

¡FÍJESE!

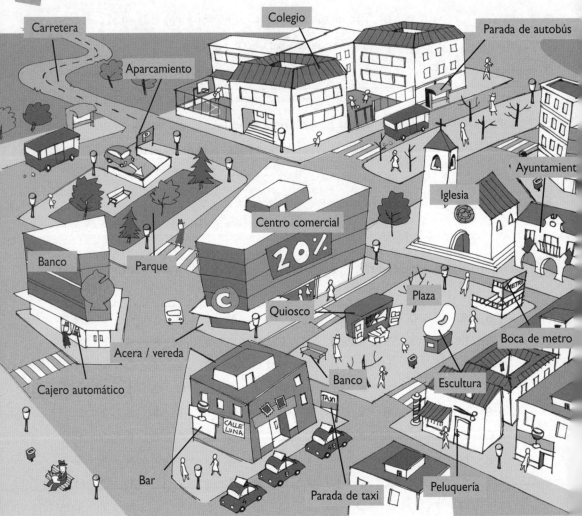

Carretera · Colegio · Parada de autobús · Aparcamiento · Ayuntamiento · Iglesia · Centro comercial · Banco · Parque · Plaza · Quiosco · Boca de metro · Acera / vereda · Banco · Escultura · Cajero automático · Bar · Parada de taxi · Peluquería

FRASES ÚTILES

Vivo en la calle Goya esquina con Serrano.

No tengo dinero. Voy a buscar un cajero automático.

En la ciudad es difícil encontrar aparcamiento.

Tengo que ir a la peluquería a cortarme el pelo.

En esta cafetería sirven un café excelente.

EJERCICIOS

PALABRAS EN CONTEXTO

1 Lea el siguiente texto.

Me llamo Pablo. Nací en un **pueblo,** pero desde hace muchos años vivo en una gran **ciudad,** en un **barrio** del sur, lleno de vida. Mi barrio está muy bien comunicado; en la **calle** donde vivo hay una **parada de autobús** y una **estación de metro.** También hay un **centro comercial,** con muchas tiendas de todas clases.

Vivo muy cerca de la **plaza,** en el centro del barrio. Los fines de semana compro el periódico en el **quiosco** de la plaza. Después, me voy al **parque** y me siento en un **banco** a leerlo.

Mis padres siguen viviendo en el pueblo. Los llamo por teléfono todos los días. También me gusta escribirles cartas. Muy cerca de mi casa hay un **estanco,** donde compro los sobres y los sellos. Yo no fumo, pero mi vecino sí, y siempre que sabe que voy al estanco, me dice que le compre tabaco.

Mi barrio es bastante ruidoso. Siempre hay mucha gente caminando por la **acera,** muchos coches por la **carretera** de entrada a la ciudad, muchos **bares.** A veces me gustaría volver al pueblo y vivir en el **campo.** Allí todo es más tranquilo. Pero otras veces pienso que aquí, en medio de la ciudad, me siento más vivo.

2 Marque verdadero (V) o falso (F).

	V	F
a) Pablo tiene el metro cerca.	☐	☐
b) Pablo no vive en el centro del barrio.	☐	☐
c) El quiosco está en el parque.	☐	☐
d) En el estanco no venden cigarrillos.	☐	☐
e) Su barrio es muy tranquilo.	☐	☐

3 Ordene las letras para formar palabras.

1. DACUDI ....
2. GOLOCEI ....
3. ZAPAL ....

4. TANSECO ....
5. QUREPA ....
6. RIBORA ....

4 Complete las palabras de este diálogo.

MANUEL: ¿Dónde vives? Te llevo.

PAUL: En la c _a l l_ e Arnáiz esquina con Cano, cerca de la p _ _ u q _ e _ _ a.

MANUEL: ¡Ah! Sí, donde hay una e _ t _ _ _ a, ¿no?

PAUL: No, cerca del ay _ _ t _ m _ e _ t _ .

MANUEL: No sé dónde es... ¿Hay un a _ ar _ am _ _ nt_ cerca?

PAUL: Sí. Y un b _ n _ o también.

MANUEL: Vale, pues así saco dinero.

PAUL: Creo que está cerrado ahora.

MANUEL: Pero seguro que hay un c _ j _ r _ a _ t _ m _ t _ _ o.

PAUL: Sí, es cierto.

MANUEL: Oye, y después me invitarás a un café, ¿no?

PAUL: Pues claro, por supuesto.

 5 Clasifique las palabras siguientes.

iglesia / quiosco / banco / ayuntamiento / centro comercial / **mezquita**
parque / plaza / carretera / colegio / aparcamiento / sinagoga / peluquería / acera

Edificios	Lugares de culto	Lugares exteriores	Establecimientos comerciales
....	.... *mezquita*	....	....
....	....	....	....
....	....	....	....
....	....	....	....
....	....	....	....
....	....	....	....

6 Relacione las dos columnas.

1. Centro
2. Parada
3. Boca
4. Cajero

a) de metro
b) automático
c) comercial
d) de autobús

7 Busque en esta serpiente catorce términos estudiados en la unidad.

mxatparquebbeoplazamoitrcarreterabordcolegiokeltnaparcamientoponarciglesiarassquioscotrasbancomonicayuntamiento ñorcentrocomercialsorpemezquitaballisinagogatbaspeluqueríavtraceraort

ℹ FÍJESE!

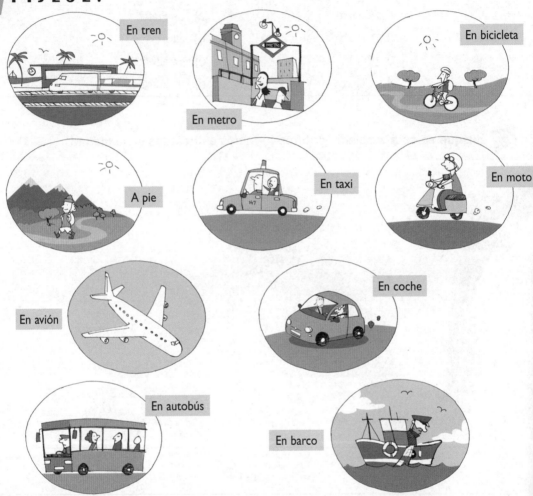

𝐅 RASES ÚTILES

Voy a pie o en moto al centro de la ciudad.

Susana quiere ir al campo en bicicleta.

¿De qué puerto sale ese barco?

Nos bajamos del autobús en la próxima parada.

¿En qué estación de metro me tengo que bajar?

Me encanta viajar en avión por su rapidez.

Yo soy muy cómodo, me muevo en taxi por la ciudad.

E JERCICIOS

PALABRAS EN CONTEXTO

1 **Lea el siguiente texto y conteste a las preguntas.**

PIERRE: El periódico dice que el **avión** es el medio de transporte más seguro. ¿Vosotros qué creéis?

PATRICK: No lo sé. Yo nunca he viajado en avión, solamente en **barco** y en **autobús.**

PIERRE: Yo sí creo que es el medio más seguro, por eso viajo siempre en avión… y además, también es más rápido.

INGRID: Yo prefiero el **tren,** el avión me da mucho miedo.

MANUEL: A mí lo que me gusta es coger la **moto** y recorrer el mundo.

PÍA: Pero la moto es muy peligrosa, mejor el **coche,** aunque, la verdad, prefiero **montar** en **bicicleta,** que no consume gasolina y no contamina.

a) ¿Cuál es el medio de transporte más barato? ....

b) ¿Cuál es el medio de transporte más seguro? ....

c) ¿Cuál es el medio de transporte más peligroso? ....

d) ¿Y el más rápido? ....

2 **Así se mueven Manuel, Pía y Pierre por la ciudad. Complete el texto.**

MANUEL: Yo trabajo muy lejos de casa. Solo voy .... *en coche* ..... a trabajar los viernes porque durante la semana hay mucho tráfico. El resto de los días voy ...., es rápido y cómodo y no hay atasco porque va bajo tierra.

PÍA: Pues yo antes iba ...., me gusta la sensación de libertad e ir al aire libre por la ciudad, y a la vez haces deporte, el ciclismo es muy sano. Otras veces iba ...., me gusta mucho andar, pero ahora tengo una parada de .... cerca de casa y me muevo en transporte público, pero no en metro, no me gusta nada ir bajo tierra.

PIERRE: Uf, yo soy muy cómodo…, y no me gusta madrugar, por eso todos los días cojo / tomo un ...., es más caro que el transporte público, pero no tengo que conducir yo.

3 **Lea esta conversación entre un agente de viajes y una pareja de novios de Madrid y conteste verdadero (V) o falso F).**

AGENTE DE VIAJES: ¿Adónde quieren ir de vacaciones?

MARÍA: Yo quiero ir a una playa bonita.

PEPE: Pues yo a un lugar tranquilo para descansar.

AGENTE DE VIAJES: En España hay playas muy bonitas y tranquilas. ¿Cómo quieren ir?

MARÍA: Prefiero ir en avión.

PEPE: Ah, no. Yo quiero ir en barco. Los aviones me dan un miedo terrible.

AGENTE DE VIAJES: ¿Les gustaría ir a Mallorca? Es una isla bonita y tranquila. Su novia puede ir en avión y usted en barco.

MARÍA: Pero queremos ir juntos…, somos novios.

AGENTE DE VIAJES: Entonces pueden ir a Cádiz en coche. Allí hay playas muy bellas también.

PEPE: Ya…, pero no tenemos coche. ¿Se puede ir en autobús?

AGENTE DE VIAJES: Por supuesto, pueden ir en autobús o en tren si lo desean.

MARÍA: En tren, que es más rápido y más romántico.

PEPE: Pero el billete de tren es más caro.

MARÍA: ¡Entonces vamos a pie, que es gratis!

	V	F
a) María quiere ir en barco a Cádiz.	☐	☐
b) A María le gusta viajar en avión.	☐	☐
c) Pepe prefiere ir a pie a Cádiz.	☐	☐
d) Pepe se marea en los barcos.	☐	☐
e) María va a ir a Mallorca en avión y Pepe en barco.	☐	☐

4 **Marque el intruso.**

1. Tren metro taxi autobús

2. Avión bicicleta tren barco

3. Autobús metro taxi avión

4. En coche en autobús a pie en barco

5 **Relacione las dos columnas.**

1. rueda   **a)** barco

2. agua   **b)** tren

3. aire   **c)** coche

4. estación   **d)** avión

6 **Busque nueve medios de transporte.**

P	X	Q	U	P	D	Q	F	C	S	Z	K	B	D	D	D	H	M	J	C	Z	C	D	D	M
H	N	G	J	N	F	S	N	B	A	M	M	J	N	M	O	Q	Q	Q	A	J	N	F	M	O
M	I	B	K	I	L	N	O	B	T	N	G	L	O	O	Q	D	E	N	B	V	F	H	X	B
O	Q	X	K	L	G	G	W	I	H	D	W	H	R	H	Y	T	S	S	A	T	P	I	D	P
N	P	Y	A	G	V	J	W	F	K	N	E	T	B	Q	P	U	T	D	L	Z	P	B	T	J
Z	P	L	C	T	Y	S	Z	O	J	S	E	O	Y	D	J	C	A	L	L	N	M	O	V	B
U	T	T	H	E	T	Q	D	N	I	M	O	U	B	G	G	Z	X	P	O	A	O	F	X	H
E	F	Y	A	S	P	V	O	C	Y	L	C	K	I	S	O	A	I	W	S	M	T	U	A	C
L	V	K	R	B	A	O	K	N	L	U	U	J	C	U	B	T	J	W	L	N	O	M	O	K
M	F	U	T	O	V	U	E	L	L	P	G	F	I	Q	T	B	Q	Z	P	L	C	M	W	L
K	J	A	K	W	M	H	F	S	X	G	G	X	C	H	N	T	K	K	C	S	I	A	Q	F
J	A	R	M	I	D	B	V	S	P	B	N	B	L	B	R	G	H	D	U	N	C	V	H	X
N	Y	S	R	P	R	E	S	R	K	V	Y	E	E	W	B	T	H	B	Y	E	L	I	C	W
X	V	U	W	A	H	I	P	T	Y	G	F	X	T	B	Z	A	O	X	Q	B	E	O	J	O
O	Z	G	L	C	P	L	O	W	Z	B	C	D	A	B	U	T	R	E	N	S	T	N	C	G
V	P	H	O	Z	C	A	R	H	C	S	L	T	E	H	U	X	S	C	R	I	A	L	R	M
X	U	C	A	I	C	O	H	Q	V	E	C	I	P	A	O	M	F	U	O	F	T	C	U	X

MEDIOS DE TRANSPORTE (II)

i FÍJESE!

MOSTRADOR DE FACTURACIÓN

Pasaporte

Facturar el equipaje

Tarjeta de embarque

PUERTA DE EMBARQUE

CONTROL DE SEGURIDAD

Equipaje de mano

Asiento de ventanilla

Salida de emergencia

DESPEGAR

Ventanilla

Azafata / auxiliar de vuelo

ATERRIZAR

Asiento de pasillo

Cinturón de seguridad

F RASES ÚTILES

¿Me permite ver su pasaporte?

Date prisa, todavía tenemos que facturar el equipaje.

El vuelo con destino a París llega con una hora de retraso.

Por favor, ¿la terminal de vuelos internacionales?

Abróchense los cinturones, el avión va a despegar.

Lleve en la mano su tarjeta de embarque.

EJERCICIOS

PALABRAS EN CONTEXTO

 Ordene las siguientes situaciones según la secuencia lógica en que se realizan. Utilice las viñetas de la página anterior como ayuda.

1. Cuando están cerca de su **destino,** el **piloto** les dice que **se abrochen los cinturones de seguridad** para **aterrizar.**

2. El **avión** los deja en una **terminal del aeropuerto** de destino, donde tienen que pasar el **control de pasaportes.**

3. En la **puerta de embarque** tiene que esperar hasta que escuche el anuncio de embarque de su **vuelo.**

4. Al llegar al aeropuerto tiene que ir al **mostrador** para **facturar** su **equipaje** y recoger su **tarjeta de embarque.**

5. Cuando todos los **pasajeros** están dentro del avión, los **auxiliares de vuelo** hacen las comprobaciones de seguridad y el avión **despega** hacia su lugar de destino.

6. Con la tarjeta de embarque y su **equipaje de mano** tiene que ir al **control de seguridad.**

El orden es ..4.–...

 Lea el mensaje de bienvenida del comandante de una compañía aérea y complete las oraciones que aparecen a continuación.

Buenos días, señoras y señores:

En nombre de la Compañía, el Comandante Salgado y su **tripulación** les damos la bienvenida a bordo de este vuelo con **destino** a Caracas, con una duración estimada de diez horas.

Por motivos de seguridad los teléfonos móviles / celulares deberán permanecer apagados desde el cierre de las puertas hasta su apertura en el aeropuerto de destino. Durante las fases de **despegue** y **aterrizaje** no podrán utilizarse los ordenadores portátiles.

Por favor, comprueben que llevan el **cinturón de seguridad abrochado.**

A continuación vamos a proyectar un vídeo con las **instrucciones de seguridad.**
Gracias, buen viaje.

(Adaptado del *Manual de mensajes a bordo de Iberia.*)

1. Durante la fase de .... y .... no se puede conectar
ningún aparato eléctrico.

2. El comandante da la bienvenida a los pasajeros en nombre de toda la
....

3. No se puede utilizar el teléfono celular desde el .... de las puertas
hasta su ....

4. Durante el despegue deben asegurarse de llevar abrochado el
....

5. Mediante un vídeo se explican las .... de ....

3 Conecte las tres partes de estos enunciados.

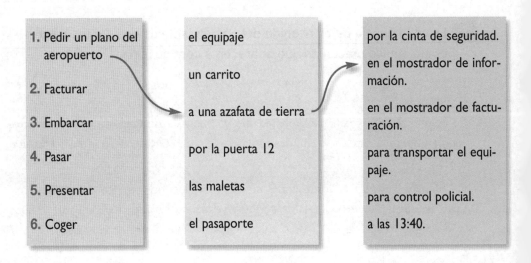

1. Pedir un plano del aeropuerto	el equipaje	por la cinta de seguridad.
2. Facturar	un carrito	en el mostrador de información.
3. Embarcar	a una azafata de tierra	en el mostrador de facturación.
4. Pasar	por la puerta 12	para transportar el equipaje.
5. Presentar	las maletas	para control policial.
6. Coger	el pasaporte	a las 13:40.

4 Estos son algunos de los iconos que pueden encontrarse en un aeropuerto. Relacione cada icono con su significado según los enunciados propuestos.

a) –¿Dónde puedo encontrar un hotel para dormir esta noche?
   –En Información de hoteles. ☐3

b) –Su vuelo va a despegar en treinta minutos, vaya a la terminal de salidas. ☐

c) –¿Dónde recojo mis maletas?
   –Al fondo, en la recogida de equipaje. ☐

d) –Necesito ir al cuarto de baño.
   –Allí están los aseos. ☐

e) –Tengo que guardar mi maleta durante tres horas.
   –Puede dejarla en consigna. ☐

f) –Al llegar diríjase al mostrador de facturación y muestre su pasaporte. ☐

g) –Voy un momento a la tienda a comprar un regalo. ☐

h) –Tenemos que coger un autobús para llegar al hotel.
   –Mira, ahí está la parada. ☐

i) –Estas maletas pesan muchísimo.
   –Entonces vamos en ascensor. ☐

j) –Por favor, ¿dónde puedo alquilar un coche?
   –En la salida tiene una empresa de alquiler de coches. ☐

k) –¿Cómo puedo ir al centro de la ciudad?
   –Tome un taxi. ☐

i FÍJESE!

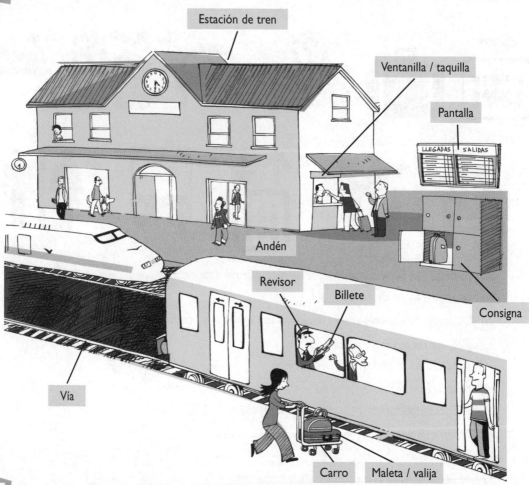

Estación de tren

Ventanilla / taquilla

Pantalla

LLEGADAS SALIDAS

Andén

Revisor

Billete

Consigna

Vía

Carro

Maleta / valija

F RASES ÚTILES

Por favor, ¿me da un billete para Toledo?

¿Cuánto cuesta el billete de ida y vuelta para Zaragoza?

Tren con destino a Zaragoza está estacionado en la vía número 4.

¿A qué hora sale el tren para Sevilla?

¿Cuánto dura el trayecto a Sevilla?

¿Dónde hay carros para llevar las maletas?

¿Dónde puedo consultar el horario de trenes?

Tren con destino Valencia, vía 1. Salida inmediata.

EJERCICIOS

PALABRAS EN CONTEXTO

1 Lea la siguiente conversación.

ALAIN: Buenos días, señorita.

AZAFATA: Buenos días, ¿en qué puedo ayudarle?

ALAIN: Necesito saber la hora y la **vía** de mi tren. No aparece en **la pantalla de salidas.**

AZAFATA: ¿Podría decirme el **destino** de su **viaje,** por favor?

ALAIN: Voy a Sevilla en el AVE.

AZAFATA: Mire, su tren sale a las 10:30 de la vía número 2.

ALAIN: ¿Cuánto **dura** el viaje?

AZAFATA: Como es un tren de alta velocidad, el **trayecto** dura solo dos horas y media.

ALAIN: Falta todavía mucho… ¿Dónde puedo dejar las **maletas** mientras tanto?

AZAFATA: En la **consigna** de la **estación.** Se encuentra al lado de la **ventanilla de billetes.**

ALAIN: Muchas gracias.

AZAFATA: De nada. Irá más cómodo con un **carro** para llevar el **equipaje** hasta la consigna.

ALAIN: No, gracias, no es necesario, mi maleta lleva ruedas.

AZAFATA: Buen viaje.

ALAIN: Gracias. Adiós.

2 Conteste verdadero (V) o falso (F).

	V	F
a) Alain no conoce la duración de su trayecto.	☐	☐
b) La azafata le informa del precio de su billete.	☐	☐
c) Alain llega a la estación justo cuando sale su tren.	☐	☐
d) Alain viaja en un tren rápido.	☐	☐
e) Viaja sin equipaje.	☐	☐
f) Alain necesita un carro para el equipaje.	☐	☐

3 **Una cada palabra con su definición.**

a) Taquilla

b) Andén

c) Consigna

d) Carrito

e) Trayecto

1. Lugar donde se sitúan los pasajeros antes de subir al tren.

2. Lugar donde se venden los billetes de tren.

3. Mecanismo con ruedas para transportar el equipaje.

4. Itinerario entre dos lugares.

5. Lugar para guardar las maletas en una estación de tren.

4 **Ordene las letras para formar una palabra.**

1. NOAGV ....

2. NDANE ....

3. VERSIOR ....

4. SIDETON ....

5. TLIBELE ....

5 **Lea la siguiente información de interés para los pasajeros de los trenes de RENFE y rellene los huecos con las palabras del cuadro.**

> **billetes** / ida y vuelta / llegada / pasajero / retraso
> tren / estaciones / viaje / salida (dos veces) / maleta / revisor

1. Los billetes de .... tienen un descuento de un 20%.

2. Los cambios de billete no tienen gastos si se hacen en el mismo día, para el mismo tipo de .... y si se realiza hasta 5 minutos antes de la .... del tren. Si el cambio es para otra fecha pero para el mismo tipo de tren, tiene un 10% de gastos.

3. Los .....billetes...... se pueden comprar hasta con 60 días de antelación a la fecha del .... en los Puntos de Venta Renfe, en .... y en Agencias de Viajes.

4. La venta de billetes finalizará 5 minutos antes de la .... del tren.

5. Dentro del tren, un .... comprobará que lleva su billete y que este coincide con los datos del trayecto (fecha de viaje, hora de salida, etc.).

6. Cada .... tiene derecho a llevar consigo una .... y un maletín o bolso de mano, siempre que no exceda de las medidas 70 x 50 x 25 cm.

7. Si hay un .... superior a 5 minutos sobre la hora fijada de .... se devolverá el importe de su billete al pasajero, siempre que el retraso sea responsabilidad de Renfe.

(Adaptado de http://www.renfe.es/ave)

6 **Indique si las siguientes afirmaciones son verdaderas (V) o falsas (F) según el texto anterior.**

1. Los billetes de ida y vuelta resultan más económicos: ....

2. No se puede comprar un billete de tren diez minutos antes de la hora de salida: ....

3. Si se cambia un billete de un tipo de tren por otro hay que pagar gastos: ....

4. Si se cambia la fecha de salida de un billete de tren hay que pagar gastos: ....

5. Los billetes de tren de Renfe solo se pueden comprar en las estaciones: ....

6. El revisor comprobará que ha comprado un billete y que está en el tren correcto: ....

7. El equipaje de cada pasajero está limitado a una maleta: ....

8. Si el tren llega con retraso Renfe siempre le devolverá el importe del billete: ....

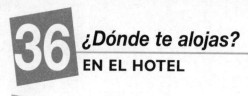

36 ¿Dónde te alojas?
EN EL HOTEL

¡FÍJESE!

Recepción

Recepcionista

Llave

Mostrador

Ascensor

Botones

FRASES ÚTILES

Quiero alojarme en un hotel céntrico.

Antes de ir, llama al hotel y reserva una habitación.

¿Puedo cancelar / anular la reserva?

Viajo solo, así que necesito una habitación sencilla.

Tienes que pagar por el servicio de habitaciones.

Disponemos de aparcamiento gratis / gratuito para los clientes.

¿En la pensión completa se incluyen todas las comidas?

EJERCICIOS

PALABRAS EN CONTEXTO

1 Lea este diálogo.

Rosa quiere pasar un fin de semana en Cádiz con sus padres, su hermano Julio y su abuelo Ramón. Ella tiene que buscar el alojamiento para todos. Llama por teléfono a un **hotel** de la costa.

RECEPCIONISTA: Hotel La Bahía, buenos días. ¿En qué puedo ayudarle?

ROSA: Buenos días, quería **reservar** tres **habitaciones** para el viernes y el sábado del próximo fin de semana.

RECEPCIONISTA: ¿Qué tipo de habitaciones necesita? **¿Individuales** o **dobles?**

ROSA: Necesito dos habitaciones dobles, una de ellas con **cama de matrimonio** para mis padres y otra con dos **camas individuales** para mi abuelo y mi hermano, y para mí una habitación **individual.** Las habitaciones tienen cuarto de baño, ¿verdad?

RECEPCIONISTA: Sí, no se preocupe. Todas las habitaciones tienen cuarto de baño dentro y **aire acondicionado.** ¿Quiere **alojamiento y desayuno, media pensión** o **pensión completa?**

ROSA: Solo alojamiento y desayuno, porque vamos a **hacer turismo** y comeremos y cenaremos fuera del hotel.

RECEPCIONISTA: El precio de cada habitación doble es de 140 € y el precio de la habitación individual es de 90 €. El precio incluye el desayuno, que se sirve en la cafetería del hotel desde las seis y media hasta las diez de la mañana. También puede pedir al **servicio de habitaciones** que se lo sirvan en su habitación pagando un **suplemento** de 10 €.

ROSA: No, gracias, desayunaremos todos juntos en la cafetería del hotel.

RECEPCIONISTA: ¿A nombre de quién pongo la reserva, por favor?

ROSA: A nombre de Rosa García.

RECEPCIONISTA: ¿Cómo desea pagar su **factura,** Sra. García?

ROSA: Pagaré con **tarjeta de crédito.**

RECEPCIONISTA: De acuerdo. Pues su **reserva** ya está hecha. Recuerde que si desea **cancelar su reserva,** tiene que avisarnos con 24 horas de antelación. En caso contrario, le cobraríamos un 10% por la **cancelación.**

ROSA: Muy bien. Muchas gracias.

2 Indique si las siguientes afirmaciones son verdaderas (V) o falsas (F).

	V	F

a) Rosa va a compartir una habitación doble con su hermano Julio. ☐ ☐

b) Rosa y su familia van a cenar en el hotel. ☐ ☐

c) Rosa quiere reservar una habitación con cama de matrimonio. ☐ ☐

d) Rosa necesita dos habitaciones dobles y una individual. ☐ ☐

e) Rosa va a compartir el cuarto de baño con sus padres. ☐ ☐

f) La reserva de Rosa no se puede cancelar. ☐ ☐

g) Rosa va a pagar en efectivo. ☐ ☐

3 Elija la opción correcta.

1. Al final no puedo viajar. Voy a llamar al hotel para **hacer** / **anular** la reserva.

2. En temporada **alta** / **baja,** los precios de las habitaciones son más caros.

3. Si solicitas el servicio de habitaciones, tienes que pagar **una propina** / **un suplemento.**

4. Si tiene cualquier problema, llame al **ascensor** / **recepcionista.**

5. Hace mucho calor. Pon **al botones** / **el aire acondicionado.**

6. –¿Puedo pagar con tarjeta de crédito?

   –Lo siento, debe pagar **gratis** / **en efectivo.**

7. El responsable del hotel es el **director** / **botones.**

4 Ordene las letras para formar palabras relacionadas con la unidad.

1. NIPOCERCE ....

2. FTCUAAR ....

3. ROACESNS ....

4. NOPSEIN ....

5. METALJANOIO ....

5 Relacione ambas columnas.

1. habitación individual
2. gratuito
3. suplemento
4. cancelar
5. hacer una reserva

a) anular
b) reservar
c) habitación sencilla
d) no cuesta dinero
e) pago extra

6 Resuelva este crucigrama.

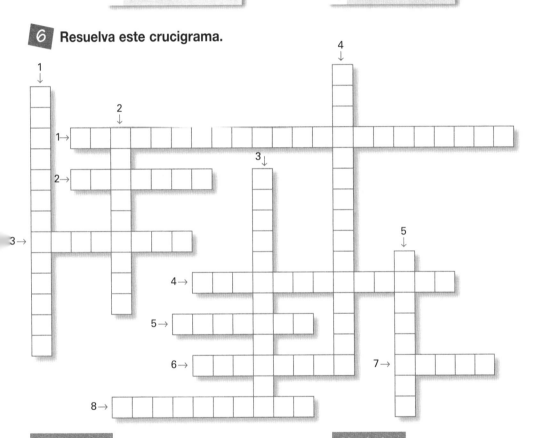

Horizontales

1. Te llevan el desayuno a tu habitación.
2. Lista de gastos.
3. Responsable del hotel.
4. Meses de poca ocupación hotelera.
5. Persona del hotel que te ayuda con el equipaje.
6. Maletas.
7. Para abrir la puerta de la habitación.
8. Dinero adicional que pagas por un servicio.

Verticales

1. Meses de mucha ocupación hotelera.
2. Mostrador de registro de un hotel.
3. Alojamiento, desayuno y comida o cena.
4. Habitación para dos personas.
5. Anular.

AFICIONES Y ESPECTÁCULOS

¡ FÍJESE !

Teatro

Cine

Museo / exposición de pintura

Musical

Ópera

Cantante

Concierto

Zoo

Circo

Discoteca

Parque de atracciones

FRASES ÚTILES

María sabe bailar tango muy bien.

No me gustan las películas de terror.

Me fascina la música clásica.

¿Quedamos para ir al circo con los niños?

El domingo nos vamos de excursión a la montaña.

En este museo hay ahora una exposición de Salvador Dalí.

E JERCICIOS

P ALABRAS EN CONTEXTO

1 Lea las aficiones de estas personas y marque verdadero (V) o falso (F).

JUAN, 40 AÑOS, MÉDICO. Mi trabajo es muy estresante; por eso, cuando llego a casa me gusta **escuchar música clásica** o **leer** una buena **novela,** por ejemplo de **literatura** fantástica, y los fines de semana suelo ir al **cine** o ver alguna **exposición de pintura.** ¡Ah! Y no soporto **ver la televisión.** No me gusta ningún **programa,** pero admito que a veces me relajo viendo **anuncios.**

IRENE, 20 AÑOS, ESTUDIANTE. A mí me encanta **bailar;** por eso los sábados me gusta ir a una **discoteca.** También voy mucho a **conciertos;** es que mi novio es el **cantante** de un **grupo de rock, canta** muy bien y además **toca la guitarra.**

PILAR, 45 AÑOS, PROFESORA DE LITERATURA. A mí me gusta mucho ir a ver **obras de teatro;** yo creo que viene de familia, porque mi padre es **actor.** Y también leo mucho, especialmente **poesía.** Me encanta Lorca.

GABRIEL, 27 AÑOS, MÚSICO. No tengo mucho **tiempo libre.** Me dedico a la música. Toco el **piano** y desde hace dos años estoy aprendiendo a tocar el **violín.** Pero cuando tengo algo de tiempo, **quedo con** unos amigos y nos vamos de **excursión** al campo.

	V	F
a) A Juan le gusta la literatura fantástica.	☐	☐
b) Irene va mucho a bailar.	☐	☐
c) El padre de Pilar es director de cine.	☐	☐
d) Gabriel toca muy bien el violín.	☐	☐

2 Relacione las dos columnas.

1. literatura   a) música
2. concierto   b) película
3. discoteca   c) novela
4. cine   d) obra
5. teatro   e) bailar

3 Subraye la opción correcta.

Jennifer López es una famosa **actor / director / actriz** de cine. También escribe **óperas / canciones / conciertos**, especialmente de **rock / salsa / tango**. En su tiempo libre le gusta ir de **concierto / compras / baile**. Dice que cuando tenga niños irá con ellos al **zoo / circo / cine** a jugar con los animales. Su mayor ilusión es actuar y cantar en un **museo / concierto / musical**.

4 Clasifique a los siguientes personajes del mundo hispano en la casilla adecuada.

Plácido Domingo

Isabel Allende

Salma Hayek

Juanes

Shakira

Maribel Verdú

Montserrat Caballé

Gabriel García Márquez

Pedro Almodóvar

ÓPERA	CINE	LITERATURA	MÚSICA
Plácido Domingo			

5 ¿Qué palabras son? Ordene las letras.

1. ONCETROCI: ....
2. TRATOE: ....
3. CIEN: ....
4. PESOIXICON: ....
5. PREOA: ....
6. CRIOC: ....

6 Complete las oraciones con las palabras del recuadro.

> quedar / **tango** / exposición / parque de atracciones / toca
> poesía / discotecas / película

1. Marcelo es argentino, pero no le gusta nada el ..*tango*...............

2. No me gusta bailar; por eso, nunca voy a las ....

3. Lo siento, hoy no puedo .... contigo para ir al cine. Salgo tarde de la oficina.

4. Mi vecino me ha invitado a una .... de fotografía.

5. Me gusta más leer .... que teatro.

6. Mi hermano es el cantante del grupo, pero además .... la guitarra.

7. Mañana voy con los niños al ....

8. La .... fue muy larga. Había poca acción y me dormí.

7 Busque diez palabras de la unidad en esta serpiente.

38 ¿Practicas algún deporte?
DEPORTES

¡FÍJESE!

TENIS

Pelota

Raqueta

Tenista

FÚTBOL

Balón

Portería

Futbolista

Campo de fútbol

BALONCESTO

Canasta

Baloncestista

NATACIÓN
Nadar

Nadadora

3

Piscina

ATLETISMO
Correr

Atleta

CICLISMO

Ciclista

Bicicleta

BÉISBOL

Bate

Jugador de béisbol

ESQUÍ
Esquiar

Esquiadora

Esquís

FRASES ÚTILES

Todos los domingos juego al tenis.

El béisbol es un deporte muy popular en los países latinoamericanos.

Yo no practico ningún deporte.

Los ciclistas entrenan todos los días.

Los jugadores de baloncesto salen a la cancha.

EJERCICIOS

PALABRAS EN CONTEXTO

1 Lea el siguiente texto.

Mis amigos son muy **deportistas.** Juegan al **fútbol,** al **baloncesto** y además van a la **piscina** a **nadar.** Sé que **hacer deporte** es bueno y que los médicos recomiendan **practicar** algún tipo de **ejercicio físico** tres horas a la semana para **estar en forma.** Y te dicen: "Quien mueve las piernas mueve el corazón". Por eso, el único deporte que practico es **caminar** y suelo **hacer senderismo** una vez al mes.

Mucha gente me dice que caminar no es realmente un deporte, que es mejor **correr** o **montar en bici.** Pero yo me mantengo en forma caminando sin necesidad de ir a un **gimnasio** o a un **polideportivo.**

2 ¿Qué significa "Quien mueve las piernas mueve el corazón"?

a) Caminar es importante para estar sano. ☐

b) Caminar no es un deporte porque solo se mueven las piernas. ☐

c) Caminar no es bueno para el corazón. ☐

3 Adivine de qué deporte se trata.

1. Deporte de pelota y raqueta entre dos jugadores o cuatro.
....

2. Para practicar este deporte se necesita una bicicleta.
....

3. Deporte donde participan dos equipos de once jugadores con un balón.
....

4. Deporte donde participan dos equipos de nueve jugadores cada uno.
....

5. Deporte en el que es necesario correr para ganar.
....

6. Deporte que se practica en una piscina.
....

4 Escriba el nombre de quienes practican los siguientes deportes. Después búsquelos en la sopa de letras.

1 Tenis

2 Natación

3 Béisbol

....

....

....

4 Atletismo

6 Ciclismo

5 Fútbol

7 Baloncesto

....

....

....

```
B F T P E A D C P Z N J I Z T X V K B D Q P F I B
V V F Y U T H D B B U E M X J N V T L S E J Z O B
P P S B D R N C F I B B U U N W Z S C Z B L F C D
K X U C O I X X G B P L E H R F U Y U D O I U I C
O U S T H E L Y U A T S I L C I C T P U G H E T O
E T F Q H G L W S P O D E Q Q E L L D W A C L C A
P Q J O O U T I U G M A T S I T S E C N O L A B L
X V Z C C Z N R W L S U H X D K M I R B S G B U V
Z T Y S I L S O N I Q R X I E T W D W Y Z Y E G J
J Z K H J J N F R A T S I N E T Z X B F W Y K E E
D L X U I L D V C Q S Q A I L P Q G R Z V A D V O
S M O Y J U G A D O R D E B E I S B O L T S N Y K
Y P H X S J D L P J R V Y T N K Z S Z E K B F G E
S W T Q K A N J R F A I R T B G Y P L K Y Q D C G
X R O D A D A N X F U T B O L I S T A M L C F U S
Z H U U X N B S C T J X A J Z D A W X Q H W Z X N
U M U K E W Y H U I R E D I C L R F Z H S I Z N X
```

5 Señale la palabra intrusa.

1. Baloncesto   balón   béisbol   cancha

2. Béisbol   bate   pelota   atleta

3. Raqueta   nadador   piscina   natación

4. Ciclismo   esquí   bicicleta   ciclista

6 **Encuentre la analogía entre los siguientes términos.**

1. Bate es a béisbol como esquí a ....esquí.........

2. Correr es a atletismo como nadar es a ....

3. Portería es a .... como .... a baloncesto.

4. Nadador es a .... como .... a tenis.

5. Pista es a atletismo como .... a natación y como ....
   a baloncesto.

6. Baloncestista es a .... como ciclista es a .... y como
   esquiador es a ....

7 **Marque si las afirmaciones se corresponden o no con cada uno de los siguientes deportes.**

	Natación		Fútbol		Tenis		Baloncesto		Béisbol	
	Sí	No	Sí	No	Sí	No	Sí	No	Sí	No
Se practica en un lugar rectangular.										
Hay porterías.			✔							
Juegan dos equipos.										
Es un deporte de parejas.										
Es un deporte individual.										
Se utiliza un bate.										
Hay que saber nadar.										
Se utiliza un balón grande.										
Hay dos canastas.										
Se utiliza una pelota pequeña.										

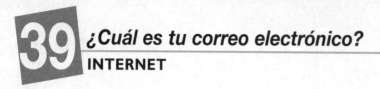

39 ¿Cuál es tu correo electrónico?
INTERNET

¡ FÍJESE!

Guión

Arroba

Dirección de correo electrónico

Punto

De:
Para: MILA-SONIA_7@anaya.es
Asunto:

Guión bajo

FRASES ÚTILES

No tengo tu dirección de correo electrónico.

Te voy a enviar / mandar un mensaje por correo electrónico.

Me encanta chatear en Internet.

A mí me gusta más participar en un foro de discusión.

Mira en la página web para tener más información.

Tienes que aprender a navegar por la red.

EJERCICIOS

PALABRAS EN CONTEXTO

1 Lea el siguiente anuncio y marque después verdadero (V) o falso (F).

España Sistemas te ofrece gratis una **cuenta de correo electrónico** para toda la vida. Puedes ver tus **mensajes** de correo electrónico desde cualquier **ordenador** conectado a la **red** en cualquier lugar del mundo, y también **enviar** o **recibir** mensajes de correo electrónico. Además, puedes **navegar** por la red y entrar en **foros de discusión** y **chats** en español, para hablar con toda la comunidad hispana, y todo sin miedo a los **virus** gracias a nuestro estupendo **sistema anti-virus**. Visite nuestra **página web**, la **dirección de Internet** más visitada por el público hispano.

	V	F
a) España Sistemas ofrece cuentas de correo electrónico.	☐	☐
b) Solamente se puede acceder a Internet desde tu ordenador.	☐	☐
c) Se puede chatear con todo el mundo.	☐	☐
d) No dispone de sistema antivirus.	☐	☐

2 Complete el diálogo con las palabras correctas.

MARTA: Oye, Sonia. Tengo que mandarte un c o r r e o el _ _ t _ _ n _ _ o; dame tu dirección.

SONIA: Apunta, es sonia g _ _ _ n bajo 7 a _ r _ _ a anaya p _ n _ o es.

MARTA: Te lo repito: sonia-7@anaya.es.

SONIA: No, guión no, guión b _ _ o.

MARTA: ¡Ah! Vale. Mira, te quiero mandar una cosa que he escrito para un f _ _ o de d _ sc _ _ _ _ n.

SONIA: Muy bien. Envíame también la d _ _ _ c _ _ _ n de I _ t _ _ _ et del foro.

MARTA: Te mando la p _ g _ _ a w_ b; verás que hay muchos foros, c _ _ ts y también te puedes abrir una c _ _ n _ a de correo.

SONIA: No, gracias. Con una me basta.

3 Reconstruya el texto de la conversación del chat. Ayúdese de la lista de palabras.

hasta mañana	chateo
¿qué tal?	saludos
en un foro de discusión	bien
hola	correo electrónico
¿qué haces?	porque
un	un mensaje
por	es privado
adiós	hasta mañana
dame	que
adiós	que te voy a enviar

PELUSA: salu2

ARTEMIO: hla Pelusa. k tl?

PELUSA: :-)

ARTEMIO: k acs?

PELUSA: xateo n un fro d dskusn

ARTEMIO: dme tu e-m q t voy a nviar l msj

PELUSA: t lo mnd pr e-m pq s priv

ARTEMIO: :-)

PELUSA: A2

ARTEMIO: hsta mñn

 4 Relacione los términos con sus definiciones.

1.	Virus	a)	Otra forma de llamar a Internet.
		b)	Documento situado en la red con información y enlaces a otros documentos.
2.	Foro de discusión		
3.	Red	c)	Programa informático que se usa para causar daño en los ordenadores.
4.	Página web	d)	Símbolo que separa las dos partes de una dirección de correo electrónico.
5.	Arroba		
		e)	Debates en línea.

5 **Busque diez términos relacionados con Internet.**

N	A	V	E	G	A	R	O	R	M	Ñ	P	F	O	R	O
E	Q	G	O	Y	Z	E	P	T	U	B	V	D	S	D	R
R	W	E	M	M	J	B	T	V	I	S	Z	G	D	G	D
T	E	A	N	A	C	L	F	B	A	E	D	X	I	O	E
Y	R	T	S	G	V	P	D	A	N	R	E	F	N	C	N
U	Q	N	U	B	B	S	R	E	D	T	R	F	T	V	A
I	E	U	R	M	U	P	G	D	P	Y	T	P	E	B	D
M	E	I	I	N	U	T	H	F	Ñ	U	H	G	R	N	O
P	R	N	V	N	D	R	A	E	T	A	H	C	N	M	R
A	O	M	X	K	S	A	C	X	B	V	I	P	E	C	U
S	P	A	B	O	F	P	U	J	S	J	L	H	T	B	H
E	S	J	N	L	C	N	Y	K	W	K	Ñ	Y	H	X	J
O	E	R	R	O	C	D	C	P	A	R	R	O	B	A	U

EL TELÉFONO

¡FÍJESE!

Teléfono público

Cabina de teléfono / telefónica

Teléfono fijo

Teléfono móvil / celular

Marcar un número de teléfono

Descolgar el teléfono

Colgar el teléfono

FRASES ÚTILES

Necesito hacer una llamada de teléfono, pero no sé el número.

Has marcado mal el número; has marcado 2 y es 3.

No tengo tu número de teléfono, ¿me lo das?

Perdone, ¿hay alguna cabina telefónica por aquí?

Te llamo desde un teléfono público.

EJERCICIOS

PALABRAS EN CONTEXTO

1 Lea la siguiente conversación telefónica entre Carlos y Julio.

JULIO: ¿Dígame?

CARLOS: Hola, Julio, soy Carlos. Te **llamo** para saber si vas a venir al concierto esta noche.

JULIO: Todavía no lo sé, depende de a qué hora termine la reunión. Si finalmente puedo ir, te llamo.

CARLOS: No voy a estar en casa, así que mejor llámame al **móvil.**

JULIO: ¿Va a venir Maite?

CARLOS: No lo sé, ya la he llamado cuatro veces, pero su **teléfono** no para de **comunicar**. Seguro que está hablando con su novio.

JULIO: ¿Y estás **marcando** el número correcto? Recuerda que hace un mes cambió de número.

CARLOS: Sí, ya lo sé. Y estoy marcando su número actual. ¿Sabes qué? Voy a **enviarle un mensaje** al móvil y le pregunto si viene o no al concierto.

JULIO: Fenomenal.

2 Marque verdadero (V) o falso (F).

	V	F
a) Julio tiene que llamar a Carlos al móvil para decirle si va al concierto.	☐	☐
b) El teléfono de Maite está comunicando.	☐	☐
c) Maite va a recibir un mensaje de Carlos en el móvil.	☐	☐

3 Finalice cada enunciado con la opción apropiada.

1. Si la persona a la que llamas no está,
2. Si al descolgar el teléfono no hay señal,
3. Si el teléfono da señal de comunicando,
4. Si la persona a la que llamo no vive allí,

a) el teléfono está estropeado.

b) tengo el número equivocado.

c) dejas un mensaje.

d) la línea está ocupada.

4 **Ordene la siguiente conversación.**

1. –No, señor, no. Esto es SE-VI-LLA.
2. –Gracias.
3. –Buenos días señorita, ¿podría hablar con Castilla?
4. –¿Del departamento de las Canciones? No, señor, aquí no tenemos ese departamento.
5. –OBRAS Y REPARACIONES ¿Dígame?
6. –Disculpe, señor, es que le oigo mal. Reclamaciones, ¿verdad?
7. –No. Esto no es Castilla. Es Sevilla.
8. –Sí.
9. –Pero yo pregunto por Castilla, el señor Justo Castilla.
10. –¿Cómo dice? ¿No está Castilla?
11. –Le paso.
12. –Ah, perdone. Le había entendido mal. ¿El señor Castilla? ¿De qué departamento es?
13. –No, del de las Canciones no. Del de RE-CLA-MA-CIO-NES.
14. –Del Departamento de Reclamaciones.

5 **Complete la tabla.**

ACCIONES	TIPOS DE TELÉFONO
c _ _ _ _ r el teléfono	p _ b _ _ _ o
d _ _ c _ _ g _ r	f _ _ o
ll _ _ _ _ r por teléfono	m _ _ _ l
m _ _ _ _ r un número de teléfono	c _ l _ _ _ r

Test de autoevaluación

1. –Nací en Panamá.
–No sabía que eras …

   a. panamense   **b.** panameño   **c.** panamayo

2. –Te presento a Rita.
–…

   a. encantado de conocerte   **b.** buenas noches   **c.** con mucho gusto

3. –¿Cómo se escribe 1080?
–…

   a. mil ochenta   **b.** diez ochenta   **c.** dieciochenta

4. –¿En qué piso vive?
–En el …

   a. dos   **b.** segundo   **c.** 2

5. –¿En qué año llegó el hombre a la Luna?
–En …

   a. mil setecientos treinta   **b.** en dos mil tres   **c.** mil novecientos sesenta y nueve

6. ¿Qué hora es?
–Son las …

   a. cinco y veinte   **b.** cinco veinte   **c.** veinte pasadas de las cinco

7. –Yo ………………… dos veces por semana.

   a. hago ejercicio   **b.** ceno   **c.** me despierto

8. –¿Qué tiempo hace hoy?
–Está …

   a. niebla   **b.** nublado   **c.** nevoso

9. –En Madrid en enero es …

   a. invierno   **b.** primavera   **c.** verano

10. –Estoy haciendo un crucigrama: "Animal acuático que vive en una pecera".
–Es …

   a. perro   **b.** gato   **c.** pez

11. –¿Qué son los Pirineos?
–Unas ……………… muy altas en el norte de España.

   a. playas   **b.** montañas   **c.** valles

12. –¿Cómo se dice el marido de mi hermana en español?
–Se dice …

   a. yerno   **b.** primo   **c.** cuñado

13. –¿No ves a Laura? Está aquí al lado.
–No, no la veo. No llevo las …

   a. pulseras   **b.** botas   **c.** gafas

14. –¡Mira cómo está la habitación, con un montón de cosas por todas partes! Eres muy …

   a. triste   **b.** desordenado   **c.** aburrido

15. –A Pedro le interesan todas las noticias.

–Entonces debería ser ...

a. periodista   b. veterinario   c. peluquero

16. –Dame una .... Necesito tener juntos estos papeles.

a. papelera   b. cajones   c. grapadora

17. –No entiendo esta palabra.

–Búscala en un ...

a. libro   b. cuaderno   c. diccionario

18. –Estoy cansada. Me voy a dar un baño.

–Mejor date una .... Se gasta menos agua.

a. ducha   b. champú   c. esponja

19. –No me encuentro bien.

–Creo que tiene usted .... Está muy caliente.

a. tensión alta   b. fiebre   c. dolor

20. –Para practicar .... se necesita una bicicleta.

–Eso es obvio, ¿no?

a. natación   b. tenis   c. ciclismo

21. –Voy a la compra. ¿Necesitamos algo?

–Sí, compra .... de huevos.

a. un cuarto   b. un paquete   c. media docena

22. –¿En qué se sirve la sopa?

–En ...

a. platos hondos   b. platos llanos   c. platos de postre

23. El lugar donde se vende la carne es la ...

a. carnicero   b. carnicera   c. carnicería

24. –¿Qué desea de primer plato?

–Tráigame una .... de lechuga, tomate y atún.

a. ensalada   b. pasta   c. sopa

25. –Mi casa no tiene ...

–¿Entonces tienes que subir andando?

a. escalera   b. ascensor   c. pasillo

26. –¿Dónde pongo los platos?

–Déjalos en el .... para lavarlos después.

a. fregadero   b. horno   c. frigorífico

27. –¿Quieres que encienda la luz de la ....?

–Sí, que voy a leer.

a. televisión   b. lámpara de pie   c. radio

28. —Voy al baño.
—Toma, lleva ...., que no hay.
   a. papel higiénico   b. lavabo   c. inodoro

29. —Cambia .... y haz .... antes de irte al colegio.
—Sí, mamá.
   a. la manta / la almohada   b. las sábanas / la cama   c. el despertador / el colchón

30. —¿Qué me pongo para la boda de Pablo?
—Ponte un .... largo.
   a. calcetín   b. sujetador   c. vestido

31. —¡Me he comprado un .... nuevo!
—Me alegro, porque el otro nunca daba bien la hora.
   a. paraguas   b. cinturón   c. reloj

32. —¿Dónde compras el periódico?
—En el ...
   a. cine   b. banco.   c. quiosco

33. —Voy a coger un taxi.
—Ve en el ...., que es más barato.
   a. autobús   b. avión   c. tren

34. —Desearía una habitación.
—¿Sencilla o ....?
   a. única   b. doble   c. simple

35. —¿Quién es María Pérez?
—Es muy famosa. Sale todos los días en las ...
   a. periódicos   b. revistas   c. radio

36. —¿Quieres que vayamos al teatro?
—Preferiría ir a la .... de Picasso.
   a. ópera   b. discoteca   c. exposición

37. —ASINTA SEGUROS, ¿...................?
—¿Podría pasarme con el Señor Rodríguez?
—Un momento, por favor.
   a. que quiere   b. tango gusto   c. dígame

38. —¿Cuál es tu ....?
—mgarcia3@hotmail.com
   a. correo electrónico   b. página web   c. foro de discusión

39. —"No estamos en casa. Puede usted dejar un .... después de oír la señal."
   a. llamada   b. mensaje   c. móvil

40. —Ya tengo barba.
—¿Y por qué no ....?
   a. te lavas   b. te secas   c. te afeitas

41. –¿A qué te dedicas?

–Soy.................... Enseño matemáticas.

   a. profesora   b. bombera   c. taxista

42. Cuatro y diecinueve son …

   a. veintiuno   b. veinte   c. veintitrés

43. –¡Huy! ¡Qué ....!

–Es que es una tormenta eléctrica.

   a. relámpago   b. arco iris   c. sol

44. –Ahora es verano en Argentina.

–Porque Argentina está en el .... Sur.

   a. polo   b. Hemisferio   c. Ecuador

45. –¿Tocas algún instrumento?

–Sí. Toco el …

–Como Chopin.

–Ya quisiera yo.

   a. piano   b. violín   c. guitarra

46. –Mi padre ya ha cumplido 65 años y ya no trabaja.

–¡Ah! Está …

   a. de vacaciones   b. en paro   c. jubilado

47. –Fuimos a un ....

–¿De música clásica?

   a. concierto   b. museo   c. cine

48. –Tiene un piso en Barcelona con una .... enorme.

–¿Y se ve desde ahí el puerto?

   a. trastero   b. calefacción   c. terraza

49. –¿Dónde está Magali?

–Ha ido al .... a comprar sellos.

   a. colegio   b. estanco   c. banco

50. –¿Qué vas a llevar a la playa?

–Solo el .... para tomar el sol.

   a. calzoncillo   b. biquini   c. traje

51. –¿Qué te gustó más de Tenerife?

–El Teide, un .... de 3.718 metros.

   a. volcán   b. río   c. océano

52. –No me gusta calentar el pollo en el microondas.

–Pues hazlo en el …

   a. frigorífico   b. horno   c. lavavajillas

SOLUCIONES

UNIDAD 1

1. *hondureña;* español; dominicano; costarricense; panameña; nicaragüense; chileno.

2. 1. Paraguay; 2. Chile; 3. *México;* 4. República Dominicana; 5. Argentina; 6. España; 7. Nicaragua; 8. Costa Rica; 9. Uruguay; 10. El Salvador; 11. Ecuador.

3. 1. filipino /-a; 2. hondureño /-a; 3. guineano /-a; 4. cubano /-a; 5. *panameño /-a;* 6. boliviano /-a; 7. guatemalteco /-a; 8. puertorriqueño /-a; 9. venezolano /-a; 10. peruano /-a; 11. colombiano /-a.

4. 1. *mexicanos;* 2. Bolivia; 3. costarricense – brasileña – Costa Rica – es de Brasil; 4. español; 5. peruanos; 6. paraguayos – argentinos.

5. 1. argentino; 2. cubano; 3. mexicana; 4. colombiana; 5. puertorriqueño.

UNIDAD 2

2. 2. a; 3. b; 4. e; 5. d.

3. 1. Por favor. 2. Perdón. 3. Hasta mañana. 4. ¿Qué tal? 5. Con mucho gusto. 6. *Buenos días.* 7. Encantado. 8. De nada.

4. 1.c); 2.a); 3.b).

5. 1.c); 2.b); 3.b).

6. SALUDOS: Hola, ¿cómo estás? Buenos días. ¿Qué tal? Buenas tardes.

   DESPEDIDAS: Hasta pronto. Adiós. Hasta mañana. Hasta luego.

   CORTESÍA: Muchas gracias. Tanto gusto. Disculpe. Por favor.

7. Profesor: **Hola**, Pedro.

   Pedro: Buenas tardes, profesor, **¿cómo está usted?**

   Profesor: **Muy bien**. Ya he terminado las clases de hoy.

Pedro: **Disculpe,** ¿puede ayudarme a preparar el examen?

Profesor: Sí, claro, esta tarde.

Pedro: **Muchas gracias**, profesor. **Hasta luego.**

UNIDAD 3

2. a) cuatro y ocho, doce; b) setenta y tres más ocho son ochenta y uno; c) *tres menos tres, cero;* d) cuatrocientos entre diez son cuarenta; e) nueve por cuatro, treinta y seis; f) cien menos treinta y cinco son sesenta y cinco; g) ciento setenta y cinco menos ochenta y dos son noventa y tres; h) cuatrocientos cincuenta y seis por dos, novecientos doce; i) mil dividido por veinticinco son cuarenta; j) dos mil cincuenta menos setenta y cinco son mil novecientos setenta y cinco; k) seiscientos setenta y cuatro más trescientos veinticuatro, novecientos noventa y ocho; l) novecientos noventa y nueve menos uno son novecientos noventa y ocho.

3. 1. séptimo; 2. *noveno;* 3. cuarto; 4. segundo; 5. décimo; 6. octavo; 7. quinto; 8. sexto; 9. tercer; 10. primer.

UNIDAD 4

1. 11.º: Undécimo – seiscientos noventa y nueve mil novecientos ochenta y siete euros.

   12.º: Duodécimo – seiscientos cincuenta y siete mil ochocientos ochenta y ocho euros.

   13.º: Decimotercero – quinientos veintiséis mil seiscientos cuarenta y siete euros.

   14.º: Decimocuarto – quinientos un mil doscientos treinta y cinco euros.

   15.º: Decimoquinto – cuatrocientos

ochenta y cinco mil seiscientos sesenta y seis euros.

16.º: Decimosexto – cuatrocientos dieciocho mil setecientos ochenta y ocho euros.

17.º: Decimoséptimo – trescientos cincuenta mil euros.

18.º: Decimoctavo – trescientos mil doscientos cincuenta euros.

19.º: Decimonoveno – doscientos setenta y tres mil doscientos cincuenta y tres euros.

20.º: Vigésimo – ciento cincuenta y dos mil setecientos sesenta y cinco euros.

2. 2. Undécimo volumen. 3. Primer volumen. 4. Tercer volumen. 5. Decimoctavo volumen. 6. Segundo volumen. 7. Séptimo volumen. 8. Décimo cuarto volumen. 9. Decimonoveno volumen. 10. Decimoquinto volumen.

3. 2. duodécimo; 3. vigésima; 4. decimotercer; 5. undécima; 6. diecisiete.

UNIDAD 5

1. a) El dos de noviembre; b) En México; c) Para recordar a los miembros de la familia que han muerto; d) Es similar porque las personas llevan también disfraces.

2. 1. *lunes*; 2. octubre; 3. agosto; 4. abril; 5. sábado; 6. martes; 7. marzo; 8. domingo; 9. enero; 10. junio; 11. viernes; 12. febrero; 13. julio; 14. jueves; 15. mayo; 16. miércoles; 17. septiembre; 18. noviembre; 19. diciembre.

3. 1. cinco de agosto de dos mil seis. 2. siete de diciembre de dos mil ocho. 3. diez de abril de mil novecientos setenta. 4. cuatro de enero de mil novecientos. 5. diez de octubre de mil quinientos cuarenta y siete.

4. 1. sábado – domingo – lunes

2. lunes – martes – miércoles

3. jueves – viernes – sábado

4. miércoles – jueves – viernes

5. viernes – sábado – domingo

5. 1. domingo; 2. jueves; 3. sábado; 4. miércoles.

6. 1. abril – mayo – junio

2. febrero – marzo – abril

3. noviembre – diciembre – enero

4. agosto – septiembre – octubre

5. septiembre – octubre – noviembre

7. 1. Veintiocho de diciembre. 2. Dos de noviembre. 3. Uno de mayo. 4. Seis de enero. 5. Veintitrés de abril. 6. Ocho de marzo.

8. 1. lunes; 2. sábado; 3. miércoles; 4. martes; 5. jueves.

9. 1. enero. 2. marzo. 3. mayo. 4. julio. 5. agosto. 6. octubre. 7. diciembre.

UNIDAD 6

2. 1. Son las once de la mañana en Londres. 2. Son las tres de la tarde en Sidney. 3. Son las tres de la tarde en Moscú. 4. Son las once de la noche en Nueva York. 5. Son las seis de la tarde en París.

3. 1. Son las cuatro. 2. Son las seis y veinte. 3. Son las diez y diez. 4. Son las doce menos veinte. 5. Son las ocho menos cuarto. 6. Son las doce y media. 7. Son las tres y cuarto. 8. Son las siete y cuarto.

4. 1. A las siete menos diez de la mañana. 2. A las seis menos cinco de la tarde. 3. A las nueve y veinte de la noche. 4. Sesenta y cinco minutos. 5. A las seis menos cinco de la tarde.

5. —Lucía, ¿te gustaría venir al cine esta noche?

—No sé, **¿a qué hora?**

—La película empieza **a las ocho y media.**

—Yo salgo del trabajo **a las ocho** y no sé si voy a llegar **a tiempo.**

—¿Podrías salir del trabajo un poco **antes?**

—No sé. Mi jefe está enfadado porque siempre llego **tarde** por las mañanas.

UNIDAD 7

2. a) verdadero; b) falso; c) falso; d) verdadero; e) falso; f) falso.

3. 1. c); 2. a); 3. f); 4. d); 5. b); 6. e).

4. Mi **clase** es grande y luminosa. Hay un **mapa** al lado de la ventana, y una **pizarra** cerca de la mesa del profesor. Todos tenemos un **diccionario** para buscar las palabras que no entendemos. Escribimos en nuestros **cuadernos** con **bolígrafos** y **lápices.** Hacemos un **examen**; si hay muchos alumnos que **suspenden** el examen, la profesora **repasa** con nosotros las unidades del libro que no **entendemos** bien.

5. **Posibles respuestas**

   1. <u>Pizarra</u>: escribir, borrar. 2. <u>Lápiz</u>: escribir, redactar. 3. <u>Diccionario</u>: entender, saber. 4. <u>Goma</u>: borrar. 5. <u>Libro</u>: aprender, estudiar, leer, memorizar, repasar. 6. <u>Cuaderno</u>: hacer ejercicios, hacer deberes.

6. 1. escribir; 2. sacapuntas; 3. pizarra; 4. compañero; 5. escuchar.

7.

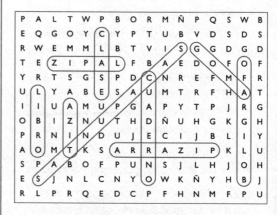

UNIDAD 8

1. 1. b; 2. a; 3. c; 4. b; 5. a.

2. 1. *calor*; 2. frío; 3. helando; 4. tormenta; 5. sol; 6. niebla.

3. 1. e; 2. a; *3. b*; 4. d; 5. c.

4. 1. falso; 2. verdadero; 3. falso; 4. verdadero; 5. verdadero; 6. falso.

5. 1. *naranja.* 2. azul. 3. negro. 4. blanca. 5. gris. 6. marrones.

UNIDAD 9

2. Inés: la primavera. Hugo: el otoño. Ana: el verano. Isabel: el invierno.

3.

CHILE	Primavera	Verano	Otoño	Invierno
Meses	septiembre octubre noviembre	diciembre enero febrero	*marzo abril mayo*	junio julio agosto
Tiempo	Hace buen tiempo	Hace calor		Hace mucho frío
ESPAÑA	Primavera	Verano	Otoño	Invierno
Meses	marzo abril mayo	junio julio agosto	septiembre octubre noviembre	diciembre enero febrero
Tiempo	Hace buen tiempo	*Hace calor*	Llueve	Hace frío

4. El año tiene cuatro **estaciones** que se llaman: la **primavera**, el **verano**, el **otoño** y el **invierno.** En cada estación las personas realizan distintas actividades. En **invierno** la gente lleva más ropa cuando sale a la calle y pasa más tiempo en casa, en **verano** la gente se va de vacaciones a la playa o a la montaña, en **otoño** a la gente le gusta pasear por los parques y recoger hojas caídas de los árboles, y en **primavera** la gente está contenta porque la temperatura es muy agradable.

5. 1. primavera; 2. la Tierra; 3. planeta; 4. estrella.

6. INVIERNO: blanco, nieve, enero. PRIMAVERA: verde, hierba, mayo. VERANO: sol, calor, agosto. OTOÑO: amarillo, hojas, noviembre.

7. 1. falso; 2. falso; 3. verdadero; 4. verdadero; 5. verdadero.

UNIDAD 10

1. a) verdadero; b) falso; c) verdadero; d) falso.

2. 1. vaca; 2. pez; 3. araña; 4. mosca.

3. 1. *caballo;* 2. pez; 3. flores; 4. vacas; 5. árboles; 6. pájaros.

4. ÁRBOLES: pino, olivo, hoja, bosque. FLORES: rosa, margarita, plantas.

5. 1. f); 2. c); 3. a); 4. b); 5. d); 6. e).

6. 1. *b)*; 2. c); 3. d); 4. e); 5. a).

7. 1: 3. d). 2: 2. c). 3: 4. e). 4: 5. a).

UNIDAD 11

2. a) falso; b) verdadero; c) verdadero; d) verdadero; e) falso; f) falso.

3. 1. *desiertos* – interior; 2. isla – mar; 3. océanos; 4. volcanes; 5. lagos; 6. ríos; 7. montaña; 8. playa – olas.

4. 1. lago; 2. *montañas;* 3. islas – océano; 4. volcán; 5. playas – agua – arena; 6. río. 7. costa.

5. 1. Desierto. 2. *Bosque.* 3. Isla. 4. Valle. 5. Mar / Océano. 6. Océano / mar. 7. Río.

6. 1. regiones; 2. bosque; 3. interior; 4. lago; 5. océano; 6. desierto; 7. continente; 8. isla; 9. montaña; 10. costa.

UNIDAD 12

1. a) verdadero; b) falso; c) verdadero; d) verdadero; e) falso.

2. 2. se ducha. 3. salir. 4. saca. 5. hace. 6. hacen.

3. 1. Acostarse. 2. Preparar la cena. 3. Por la tarde. 4. Ir al trabajo.

4. PARA CUIDARSE: ducharse, comer, lavarse, correr, cocinar.

PARA DIVERTIRSE: comprar, coger un taxi, ver la televisión, pasear al perro, leer, escuchar música.

PARA TRABAJAR: preparar documentos, estudiar, escribir, tomar el bus.

5. Javier, antes de ir al **gimnasio** no te olvides de:

    hacer la **cama.**

    pasear al **perro.**

    h**acer** la **compra.**

    preparar la **cena.**

    ¡Qué bien! Esta noche podré **ver** la **televisión.**

    Un beso,

    Berta

6.

```
J G A O Z L F Q U L U L N R Y S K C B M V B Y Q R
Z K C M J O H P M X U E Q X D A A A E C R M F V J
K A O X V Z Q B H I F E Q C B C N U J E N B C Q R
Z D S D D S C C T V U R F I X A I C A N D L E T Q
Y Q T P U V S W F A W J K V X R T N Y J O D S Z T
S E A F Q C X P T C O B C C U A F O G L P E R D T
P H R H Q H R P U U J B C E L J A U I S S S E K
D V S S H Q M A T K E X A E K P U B J D N A E Z N
C Q E B D U H M R O O O S N W E D O I E M Y S E W
M M M T Q S T D Z S J C C A V R N W C V E U C N B
L J E S T U D I A R E M S R N R Z N R L I N U X N
P R E P A R A R L A C E N A X O T V Z H V A C M Q
Q K O O A X D L E V A N T A R S E A L A L R H W I
D C O M E R W T V T R A B A J A R A Y B K C A O Y
E V B N I R A L G I M N A S I O I Y C F A Z R V Ñ
N C R W C W D P L Q N E M H A Q D N Z K X B J F T
D J U I S A H B Q L A H A C E R L A C O M P R A X
```

7. 1. *Levantarse*

    2. Despertarse

    3. Ducharse

    4. Comprar

    5. Trabajar

    6. Cocinar

    7. Estudiar

    Ana está en quinto curso de Ingeniería. Cuando tiene que **estudiar** para los exámenes, **se despierta** a las 7:00, **se levanta** rápidamente de la cama y **se ducha.**

Le gusta **trabajar** de manera ordenada. A las 12:00 descansa, da un paseo y va al supermercado a **comprar** lo que necesita para **cocinar.**

UNIDAD 13

2. a) falso; b) falso; c) verdadero; d) verdadero; e) verdadero.

3. 2. sobrinos; 3. hermana; 4. abuela; 5. primos; 6. primas; 7. tíos; 8. hija.

4. 1. *casada;* 2. separados; 3. divorciada; 4. soltero; 5. ex marido; 6. ex mujer.

5. *Nuera: la mujer de mi hijo.* Abuelo: el padre de mi padre. Prima: la hija de mi tía. Yerno: el marido de mi hija. Nieta: la hija del hijo de mi abuelo.

6. 1. *esposa* – nuera; 2. marido – madre; 3. hija – nieta; 4. hermanos – cuñados; 5. madre – mujer; 6. hermana – sobrino.

7. A. Mi abuela. B. Mi madre. C. Nieto. D. Tíos.

8. HORIZONTALES: 1. primo; 2. tía; 3. prima; 4. hermano; 5. abuelo.

    VERTICALES: 1. padre; 2. madre; 3. abuela; 4. tío.

UNIDAD 14

2. a) guapa – *delgada* – alta; b) barba; c) calvo – alto – fuerte; d) rubia – rizado; e) gorda.

3. 1: María; 2: Mauricio; 3: Marcos; 4: Ethel; 5: Leo.

4. CUERPO: *alto,* fuerte, gordo, delgado. PELO: rubio, rizado, calvo, liso. CARA: pecas, barba, gafas, bigote.

5. 1. feo; 2. (pelo) rizado; 3. alto; 4. gordo; 5. joven; 6. moreno.

6.

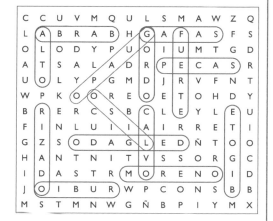

UNIDAD 15

2. 1. d); 2. e); 3. a); 4. b); 5. f); 6. c).

3. Posible respuesta

Penélope Cruz parece una chica simpática y trabajadora. Es seria en su trabajo y muy alegre y abierta en las entrevistas, pero es algo nerviosa, es decir, es poco tranquila.

4. Posible respuesta

Positivo: *alegre*, trabajador, generoso, optimista, tolerante, tranquilo.

Negativo: enfadado, triste, nervioso, tímido, reservado.

5. Posible respuesta

Es poco trabajador. Es egoísta. Está despreocupado con la situación de los niños que viven en los países en guerra. Es intolerante y poco amable con la gente. Intenta ser desagradable, es mejor que estar contento. En general es pesimista. No es sociable, es reservado y poco inteligente.

6. 1. egoísta; 2. nervioso; 3. alegre; 4. simpático; 5. serio; 6. amable; 7. contento.

La palabra oculta es: ABIERTO.

7. 1. descontento; 2. despreocupado; 3. impuntual; 4. imprudente; 5. incapaz; 6. inhumano; 7. inmaduro; 8. insensible; 9. desordenado; 10. desequilibrado.

UNIDAD 16

2. b.

3. 1. d; 2. f; 3. j; 4. a; 5. g; 6. b; 7. e; 8. k; 9. l; 10. c; 11. h; 12. i.

4. 1. peluquero; 2. taxista; 3. veterinario; 4. bombero; 5. *profesor;* 6. camarero; 7. policía; 8. dependiente; 9. médico.

5. 1. *veterinaria;* 2. bombero; 3. profesora; 4. policía; 5. mecánico; 6. ejecutivo; 7. conductor; 8. dependienta; 9. médico.

6. HORIZONTALES: 1.veterinario; 2. médico; 3. policía; 4. peluquero; 5. conductora; 6. camarera; 7. taxista.

VERTICALES: 1. ejecutiva; 2. bombero; 3. dependiente; 4. mecánico; 5. profesor.

UNIDAD 17

2. a) verdadero; b) falso; c) verdadero; d) falso.

3. HORIZONTALES: 1. jardinero; 2. periodista; 3. escritora; 4. actriz; 5. cajera; 6. fontanero; 7. electricista.

VERTICALES: 1. obrero; 2. albañil; 3. cocinera; 4. pintor.

4. 1. paro - trabajo / empleo. 2. oficina de empleo. 3. jubilado. 4. entrevista. 5. empleo / trabajo. 6. profesiones. 7. jefe. 8. horario.

5. 1. b; 2. a; 3. c; 4. f; 5. g; 6. d; 7. e; 8. ll; 9. h; 10. l; 11. i; 12. j; 13. k.

6. *administrativo;* entrevista; experiencia; parcial; sueldo; vacaciones; horario; salario; desempleadas; puesto de trabajo.

UNIDAD 18

2. Posibles respuestas

a) detrás; b) dentro; c) enfrente; d) al lado.

3. Posibles respuestas

1. debajo; 2. al lado; 3. entre; 4. encima; 5. centro; 6. izquierda.

4.

PEPO	SUSANA	PALOMA	ÁLVARO
REBECA	ENRIQUE	JAIME	LAURA
MIGUEL	SILVIA	ANA	PABLO

5. 1. g); 2. c); 3. a); 4. e); 5. d); 6. f); 7. b).

6. 1. c; 2. d; 3. e; 4. a; 5. b.

7. 1. verdadero; 2. falso (solo las que pierden los clientes); 3. verdadero; 4. verdadero; 5. falso; 6. verdadero.

8. HORIZONTALES: 1. Impresora; 2. Calendario; 3. Factura.

VERTICALES: 1. Fotocopia; 2. Papelera; 3. Rotulador; 4. Grapadora; 5. Cajones.

UNIDAD 19

2. a) falso; b) falso; c) verdadero; d) verdadero.

3. Abrir y cerrar: *los ojos,* la boca, los brazos, las piernas, las manos. Lavarse: la cabeza, la cara, el pelo, la boca, los dientes, los brazos, las manos, las piernas, los pies, las orejas. Cepillarse: los dientes, el pelo. Cortarse: el pelo, la barba.

4. 1. *manos;* 2. cabeza; 3. piernas; 4. brazos; 5. labios; 6. ojos.

5. 1. *peinarse.* 2. lavarse. 3. afeitarse. 4. secarse. 5. bañarse. 6. cepillarse los dientes.

6. Posibles respuestas

1. *jabón;* 2. el peine; 3. el secador; 4. las tijeras; 5. la maquinilla de afeitar; 6. el cepillo de dientes.

7. 1. e); 2. a); 3. b); 4. f); 5. c); 6. d).

8.

UNIDAD 20

2. c).

3. 1. b); 2. f); 3. e); 4. d); 5. a); 6. c).

4. 1. alcohol. 2. vida sana. 3. farmacia. 4. tos.

5. 1. *receta;* 2. pedir cita; 3. fiebre; 4. consulta; 5. pacientes – sala de espera; 6. tos; 7. vida sana; 8. toma la tensión.

6. 1. hospital. 2. ambulancia. 3. receta. 4. enfermo. 5. gripe. 6. alergia. 7. tensión.

7. 1. tomar una pastilla; 2. tomarte la temperatura; 3. tomar un antibiótico.

UNIDAD 21

2. a) pollo; b) mermelada; c) filete; d) gambas; e) lata; f) tomate; g) huevo.

3. El párrafo 3.

4. 1. *docena;* 2. tarro; 3. lonchas; 4. paquete; 5. barra; 6. botella; 7. litro; 8. tarrina; 9. medio kilo; 10. lata.

5. 1. *filete;* 2. pan; 3. mantequilla; 4. una loncha de jamón; 5. lata; 6. fresco.

6. 1. c); 2. d); 3. b); 4. e). 5. a).

7.

```
O  S  R  C  A  B  S  P  G  Y  L  I  T  N  R  A  F
J  A  M  O  N  C  K  O  R  R  E  J  R  Y  V  O  G
T  R  P  E  A  O  B  Z  E  Ñ  T  N  V  U  B  V  H
E  D  T  N  I  T  E  O  M  O  R  M  F  J  H  E  J
S  I  Y  T  R  N  N  P  C  I  A  D  S  K  Y  U  K
F  N  Z  W  A  W  P  C  S  A  L  C  H  I  C  H  A
P  A  N  B  F  F  Ñ  F  N  K  D  N  F  Q  V  B  H
O  B  T  D  B  E  A  E  J  S  B  I  E  A  S  D  N
L  N  Y  X  N  R  C  X  M  E  N  B  L  S  F  S  C
L  J  A  L  L  I  U  Q  E  T  N  A  M  L  G  E  S
O  Y  N  H  R  L  T  Q  U  E  S  O  V  R  O  R  R
```

8. HORIZONTALES: 1. Sardinas. 2. Huevos. 3. Bocadillo. 4. Mermelada.

VERTICALES: 1. Mantequilla. 2. Pan. 3. Yogures.

UNIDAD 22

2. a) pan; b) queso; c) carne; d) manzana; e) aceite; f) sandía.

3. Necesito **zanahorias** para hacer una menestra de verduras, pues me encanta la **verdura**; me gusta la alimentación sana. Pero también me gusta combinar los alimentos; por ejemplo, el **melón** con jamón, que es un plato típico de España. Con huevos y **patatas** hago tortilla para cenar, y en las ensaladas a veces me gusta echar **fruta**. Prefiero comer frutas porque no se tienen que cocinar. No tomo azúcar con el **café**. Desayuno café con **cereales** todas las mañanas.

4. **Posibles respuestas**

MERCADO (de arriba abajo) → FRUTERÍA: naranjas, peras, *fresas*, melón, sandía, plátanos. VERDULERÍA: patatas, ajos, cebollas, zanahorias, *perejil,* tomates. ULTRAMARINOS: aceitunas, aceite, chocolate, pastas, café, *azúcar.*

5. PAN: panadero – panadería. FRUTA: frutero – frutería. HELADO: *heladero – heladería.* CARNE: carnicero – carnicería. PESCADO: pescadero – pescadería.

6. HORIZONTALES: 1. azúcar; 2. helado; 3. galleta; 4. pasta.

VERTICALES: 1. aceituna; 2. pan; 3. chocolate; 4. perejil; 5. sandía.

UNIDAD 23

1. a) verdadero; b) falso; c) verdadero; d) falso.

2. 1. latas; 2. tarro; 3. cuchara; 4. mantel; 5. servilleta.

3. 1. salero; 2. vaso; 3. azucarero; 4. aceitera – vinagrera; 5. cucharas de postre. 6. cafetera; 7. plato hondo.

4. 1. taza. 2. servilleta. 3. mantel. 4. vaso. 5. bandeja. 6. azucarero.

5. 1. cuchillo. 2. tenedor. 3. plato hondo. 4. aceitera.

6.

```
P  R  C  D  A  H  G  I  A  I  C  B  N  I  W
I  O  D  U  P  I  B  I  A  R  A  H  C  U  C
D  S  P  L  C  D  A  A  M  U  F  F  I  T  D
E  L  Y  L  B  H  I  I  P  V  E  E  U  G  S
P  K  O  Q  A  E  I  E  F  O  T  R  Y  B  E
O  E  R  C  N  T  S  L  A  Y  E  I  T  N  R
R  N  L  U  D  C  O  I  L  Z  R  J  R  Y  V
S  S  P  J  E  O  N  Z  E  O  A  N  V  U  B
A  R  R  A  J  T  E  S  T  O  R  T  F  J  H
L  A  Y  T  A  N  N  P  N  I  A  D  S  K  O
E  O  Z  W  A  W  P  C  A  N  S  D  A  L  S
R  F  R  B  F  F  Ñ  F  M  K  F  N  F  Q  A
O  B  T  D  B  E  A  E  J  S  B  E  N  A  V
```

UNIDAD 24

1. a) falso; b) falso; c) falso; d) verdadero; e) verdadero.

2. DE PRIMERO: *sopa*, espaguetis, arroz con gambas, ensalada mixta, menestra de verduras. DE SEGUNDO: pollo asado, *merluza*, sardinas, filete de ternera, carne con patatas. DE POSTRE: tarta de fresa, *helado de chocolate*, arroz con leche, melón, yogur.

SoLUCIONES

3. Posibles respuestas

2. ¿Quiere tomar un aperitivo? 3. ¿Le traigo la carta de vinos? 4. ¿Qué le apetece de primero? 5. ¿Y de segundo? 6. ¿Le apetece algo de postre? 7. ¿Tomará café?

4. 1. falso; 2. verdadero; 3. verdadero; 4. verdadero.

5. EN EL BAR: *tomar un vino*, aperitivos, de pie, en la barra.

EN EL RESTAURANTE: menú, segundo plato, sentado, en la mesa.

UNIDAD 25

1. a) verdadero; b) verdadero; c) falso; d) falso; e) verdadero.

2. Posibles respuestas

INCONVENIENTES del piso en Barcelona: Es muy caro. Del piso en Pineda del Mar: Está lejos de mi trabajo. Es muy frío y hace mucho viento en la zona, y también mucho calor. VENTAJAS del piso en Barcelona: Está cerca de mi trabajo. Está nuevo, a estrenar. En perfectas condiciones. Todo incluido. Del piso en Pineda del Mar: Es más barato. Vivienda todo el año con vistas al mar.

3. 1. pasillo; 2. ascensor; 3. dúplex; 4. dormitorio.

4.

5. TIPOS DE CASA: apartamento, piso, *dúplex*, ático. ZONAS DE INTERIOR: cocina, dormitorio, pasillo, baño, recibidor, comedor, salón. ZONAS DE EXTERIOR: jardín, porche, terraza. ZONAS AUXILIARES: trastero, garaje.

UNIDAD 26

1. a) verdadero; b) falso; c) falso; d) verdadero; e) verdadero.

2. LAVAR: *lavadora*, fregadero, grifo, lavavajillas. FREGAR: fregadero, grifo, lavavajillas. COCINAR: horno, microondas, cocina. ALMACENAR: frigorífico, armario. CALENTAR: horno, microondas, cocina.

3. 1. *nevera*. 2. grifo – fregadero. 3. microondas – horno. 4. lavavajillas – armario. 5. poner – platos.

4. 1. nevera; 2. grifo; 3. armario; 4. horno; 5. cocina.

5. 1. e); 2. a); 3. b); 4. g); 5. f); 6. c); 7. d).

6.

UNIDAD 27

2. a) falso; b) falso; c) falso; d) verdadero; e) verdadero.

3. ¡Hola!, somos de la tienda de muebles. Le comunico que ya están aquí sus dos **sillones**, su **sofá** y su **lámpara**. Pero hasta mañana no estarán ni los **cojines** ni la **alfombra**. Un electricista irá a instalarle la lámpara de **techo**. Muchas gracias.

UNIDAD 28

2. a) verdadero; b) verdadero; c) verdadero; d) falso.

3. 1. inodoro; 2. ducha; 3. toalla; 4. bidé; 5. espejo; 6. lavabo.

4. LAVABO: *toalla de lavabo,* espejo.
BAÑERA: cortina de baño, toalla de baño.
TAZA DE VÁTER: escobilla, papel higiénico.

5. Hola, Elena:

¿Cómo estás?

En tu última carta, me preguntas qué echo de menos en la jungla. Echo de menos muchas cosas, especialmente cosas del **cuarto** de **baño**. Por ejemplo, una **bañera** con agua muy caliente para bañarme o una simple **ducha**; secarme con una gran **toalla** de **baño** o poder usar una **taza** de **váter** limpia. Piensa que aquí solo tenemos un **retrete** viejo y sucio y tenemos muy pocos **rollos** de **papel higiénico.** Tampoco tenemos **espejo** para mirarnos ni **bidé**, pero eso no me importa. De todas formas, la experiencia es maravillosa.

Un beso y hasta pronto.

Alberto

6. 1. cortina de baño. 2. espejo. 3. escobilla. 4. ducha.

7. 1. *b);* 2. d); 3. a); 4. e); 5. c).

8. A: espejo. B: toalla. C: bañera. D: báscula.

UNIDAD 29

2. a) verdadero; b) falso; c) falso; d) verdadero.

3. 1. cortinas. 2. cómoda. 3. mesilla. 4. persiana. 5. colchón. 6. sábana. 7. manta. 8. despertador.

4. 1. *c);* 2. e); 3. d); 4. a); 5. b).

UNIDAD 30

2. a) verdadero; b) falso; c) verdadero; d) falso.

3. 1. falda. 2. biquini. 3. pijama.

4. ROPA INTERIOR: *calzoncillos,* bragas, sujetador, calcetines, medias. ROPA DE VESTIR: chaqueta, traje, vestido, falda, camisa, blusa. ROPA INFORMAL: camiseta, vaqueros, jersey. ROPA DE BAÑO: biquini, bañador.

5. 1. pantalones; 2. chaqueta; 3. calzoncillos; 4. abrigo; 5. sujetador; 6. medias; 7. probador.

6. 1. biquini, bañador, vestido.

   2. pantalones, calzoncillos, chaqueta.

7. 1. *c);* 2. a); 3. b); 4. e); 5. d).

8. 1. *te quitas* – llevar. 2. probarme – probador. 3. ponerme – te pones.

9. **Posibles respuestas**

1. falda.	4. bragas.
2. vestido.	5. sujetador.
3. biquini.	6. blusa.

UNIDAD 31

1. a); verdadero; b) verdadero; c) verdadero; d) falso.

2. Sombrero: *cabeza.* Deportivas: pies. Reloj: mano. Anillo: mano. Gorra: cabeza. Botas:

pies. Pendientes: cabeza. Bufanda: cuello. Collar: cuello. Pulsera: mano. Zapatillas: pies. Corbata: cuello. Guantes: mano. Gafas de sol: cabeza.

3. Querida Celia:

    No sé qué me va a regalar Tomás por nuestro aniversario, porque ayer nos paramos delante de un **escaparate** donde había **bolsos**, **gafas** de **sol**, **cinturones** y otras cosas, ¡todo precioso!, y me preguntó si me gustaba algo. "Todo, incluso un **paraguas**, me gusta, cariño", le dije. ¿Tú crees que me va a comprar unos **pendientes** o un **reloj**? ¡Me muero por saberlo! Ya te contaré.

    Un beso,

    Isabel

4. 1. e); 2. d); 3. a); 4. b); 5. g); 6. c); 7. f); 8. h).

5.

B	R	E	D	A	L	I	H	C	O	M	B	N	I	W	O	M
O	O	D	Y	P	I	B	I	L	M	T	Y	O	R	B	F	N
T	S	A	L	U	D	A	A	M	U	A	F	I	T	D	V	D
A	L	Y	J	G	M	I	I	P	V	F	E	U	G	S	X	C
S	N	O	Q	R	E	L	E	F	O	H	R	Y	B	E	Z	D
O	E	I	C	A	B	S	O	L	E	U	Ñ	A	P	R	A	F
R	N	L	L	I	C	K	I	R	R	E	J	U	Y	V	W	G
T	S	P	E	L	J	N	Z	G	Ñ	T	L	V	U	B	Q	H
E	N	T	N	I	O	E	S	O	O	S	M	F	J	H	T	J
S	A	Y	T	R	L	N	P	R	E	A	D	S	K	Y	I	K
F	O	Z	W	A	E	R	C	R	N	S	D	E	L	J	M	E
V	F	R	B	F	R	Ñ	A	A	K	F	N	T	Q	V	B	H
D	B	T	D	B	E	A	E	L	S	B	E	N	A	S	D	N
R	N	Y	X	N	R	C	X	M	L	N	B	A	S	F	S	C
T	J	U	F	M	T	L	S	K	N	O	R	U	T	N	I	C
Y	Y	N	H	R	L	T	W	M	G	R	C	G	R	N	R	R

UNIDAD 32

2. a) verdadero; b) falso; c) falso; d) falso; e) falso.

3. 1. ciudad; 2. colegio; 3. plaza; 4. estanco; 5. parque; 6. barrio.

4. Manuel: ¿Dónde vives? Te llevo.

    Paul: En la **calle** Arnáiz esquina con Cano, cerca de la **peluquería**.

    Manuel: ¡Ah! Sí, donde hay una **estatua**, ¿no?

    Paul: No, cerca del **ayuntamiento**.

    Manuel: No sé dónde es… ¿Hay un **aparcamiento** cerca?

    Paul: Sí. Y un **banco** también.

    Manuel: Vale, pues así saco dinero.

    Paul: Creo que está cerrado ahora.

    Manuel: Pero seguro que hay un **cajero automático**.

    Paul: Sí, es cierto.

    Manuel: Oye, y después me invitarás a un café, ¿no?

    Paul: Pues claro, por supuesto.

5. EDIFICIOS: ayuntamiento, colegio, aparcamiento. LUGARES DE CULTO: iglesia, sinagoga, *mezquita*. LUGARES EXTERIORES: parque, plaza, acera, carretera. ESTABLECIMIENTOS COMERCIALES: peluquería, quiosco, centro comercial, banco.

6. 1. c); 2. a) / 2. d); 3. a); 4. b).

7. parque, plaza, carretera, colegio, aparcamiento, iglesia, quiosco, banco, ayuntamiento, centro comercial, mezquita, sinagoga, peluquería, acera.

UNIDAD 33

1. a) la bicicleta; b) el avión; c) la moto; d) el avión.

2. MANUEL: *en coche* – en metro. PÍA: en bicicleta – a pie – autobús. PIERRE: taxi.

3. a) falso; b) verdadero; c) falso; d) falso; e) falso.

4. 1. metro; 2. bicicleta; 3. avión; 4. a pie.

5. 1. c); 2. a); 3. d); 4. b).

6.

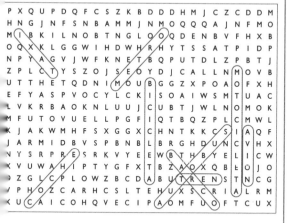

UNIDAD 34

1. El orden es: *4 – 3 – 6 – 5 – 1 – 2*.

2. 1. despegue – aterrizaje; 2. tripulación; 3. cierre – apertura; 4. cinturón; 5. instrucciones – seguridad.

3. 1. Pedir un plano del aeropuerto a una azafata de tierra en el mostrador de información.

2. Facturar el equipaje en el mostrador de facturación.

3. Embarcar por la puerta 12 a las 13:40.

4. Pasar las maletas por la cinta de seguridad.

5. Presentar el pasaporte para control policial.

6. Coger un carrito para transportar el equipaje.

4. a) *3*; b) 8; c) 2; d) 11; e) 1; f) 6; g) 5; h) 10; i) 9; j) 7; k) 4.

UNIDAD 35

2. a) verdadero; b) falso; c) falso; d) verdadero; e) falso; f) falso.

3. a) 2; b) 1; c) 5; d) 3; e) 4.

4. 1. vagón; 2. andén; 3. revisor; 4. destino; 5. billete.

5. 1. ida y vuelta; 2. tren – salida. 3. *billetes* – viaje – estaciones. 4. salida. 5. revisor. 6. pasajero – maleta. 7. retraso – llegada.

6. 1. verdadero; 2. falso; 3. verdadero; 4. verdadero; 5. falso; 6. verdadero; 7. falso; 8. falso.

UNIDAD 36

2. a) falso; b) falso; c) verdadero; d) verdadero; e) falso; f) falso; g) falso.

3. 1. anular. 2. *alta*. 3. un suplemento. 4. recepcionista. 5. el aire acondicionado. 6. en efectivo. 7. director.

4. 1. recepción. 2. factura. 3. ascensor. 4. pensión. 5. alojamiento.

5. 1. c); 2. d); 3. e); 4. a); 5. b).

6. HORIZONTALES: 1. Servicio de habitaciones. 2. Factura. 3. Director. 4. Temporada baja. 5. Botones. 6. Equipaje. 7. Llave. 8. Suplemento.

VERTICALES: Temporada alta. 2. Recepción. 3. Media pensión. 4. Habitación doble. 5. Cancelar.

UNIDAD 37

1. a) verdadero; b) verdadero; c) falso; d) falso.

2. 1. c); 2. a); 3. e); 4. b); 5. d).

3. Jennifer López es una famosa *actriz* de cine. También escribe **canciones,** especialmente de **salsa,** En su tiempo libre le gusta ir de **compras,** Dice que cuando tenga niños irá con ellos al **zoo** a jugar con los animales. Su mayor ilusión es actuar y cantar en un **musical.**

4. ÓPERA: *Plácido Domingo*, Montserrat Caballé. CINE: Salma Hayek, Maribel Verdú, Pedro Almodóvar. LITERATURA: Gabriel García Márquez, Isabel Allende. MÚSICA: Shakira, Juanes.

5. 1. concierto; 2. teatro; 3. cine; 4. exposición; 5. ópera; 6. circo.

6. 1. *tango*; 2. discotecas; 3. quedar; 4. exposición; 5. poesía; 6. toca; 7. parque de atracciones; 8. película.

7. *obra*, películas, museo, programa, bailar, novela, anuncio, canción, piano, guitarra.

UNIDAD 38

2. a).

3. 1. tenis; 2. ciclismo; 3. fútbol; 4. béisbol; 5. atletismo; 6. natación.

4. 1. tenista; 2. nadador; 3. jugador de béisbol; 4. atleta; 5. futbolista; 6. ciclista; 7. baloncestista.

```
B F T P E A D C P Z N J I Z T X V K B D Q P F I B
V V F Y U T H D B B U E M X J N V T L S E J Z O B
P P S B D R N C F I B B U U N W Z S C Z B L F C D
K X U C O I X X G B P L E H R F U Y U D O I U I C
O U S T H E L Y U A T S I L C I C T P U G H E T O
E T F Q H G L W S P O D E Q Q E L L D W A C L C A
P Q J O O U T I U G M A T S I T S E C N O L A B L
X V Z C C Z N R W L S U H X D K M I R B S G B U V
Z T Y S I L S O N I Q R X I E T W D W Y Z Y E G J
J Z K H J J N F R A T S I N E T Z X B F W Y K E E
D L X U I L D V C Q S Q A I L P Q G R Z V A D V O
S M O Y J U G A D O R D E B E I S B O L T S N Y K
Y P H X S J D L P J R V Y T N K Z S Z E K B F G E
S W T Q K A N J R F A I R T B G Y P L K Y Q D C G
X R O D A D A N X F U T B O L I S T A M L C F U S
Z H U U X N B S C T J X A J Z D A W X Q H W Z X N
U M U K E W Y H U I R E D I C L R F Z H S I Z N X
```

5. 1. béisbol; 2. atleta; 3. raqueta; 4. esquí.

6. 1. *esquí*; 2. natación; 3. fútbol – canasta; 4. natación – tenista; 5. piscina – cancha. 6. baloncesto – ciclismo – esquí.

7.

	Natación		Fútbol		Tenis		Baloncesto		Béisbol	
	Sí	No	Sí	No	Sí	No	Sí	No	Sí	No
Se practica en un lugar rectangular.	✔		✔		✔		✔			✔
Hay porterías.		✔	✔			✔		✔		✔
Juegan dos equipos.		✔	✔			✔	✔		✔	
Es un deporte de parejas.		✔		✔	✔			✔		✔
Es un deporte individual.	✔			✔	✔			✔		✔
Se utiliza un bate.		✔		✔		✔		✔	✔	
Hay que saber nadar.	✔			✔		✔		✔		✔
Se utiliza un balón grande.		✔	✔			✔	✔			✔
Hay dos canastas.		✔		✔		✔	✔			✔
Se utiliza una pelota pequeña.		✔		✔	✔			✔	✔	

UNIDAD 39

1. a) verdadero; b) falso; c) falso; d) falso.

2. Marta: Oye, Sonia. Tengo que mandarte un **correo electrónico;** dame tu dirección.

   Sonia: Apunta, es sonia **guión** bajo 7 **arroba** anaya **punto** es.

   Marta: Te lo repito: sonia-7@anaya.es.

   Sonia: No, guión no, guión **bajo**.

   Marta: ¡Ah! Vale. Mira, te quiero mandar una cosa que he escrito para un **foro** de **discusión**.

   Sonia: Muy bien. Envíame también la **dirección** de **Internet** del foro.

   Marta: Te mando la **página web;** verás que hay muchos foros, **chats** y también te puedes abrir una **cuenta** de correo.

   Sonia: No, gracias. Con una me basta.

3. Pelusa: salu2 **(saludos)**

   Artemio: hla **(hola)**, Pelusa. k tl? **(¿qué tal?)**

   Pelusa: :-) **(Bien)**

   Artemio: k acs? **(¿Qué haces)**

   Pelusa: xateo **(chateo)** n **(en)** un fro **(foro)** d **(de)** dskusn **(discusión)**

   Artemio: dme **(dame)** tu e-m **(correo electrónico)** q **(que)** t **(te)** voy a nviar **(enviar)** l **(un)** msj **(mensaje)**

Pelusa: t **(te)** lo mnd **(mando)** pr **(por)** e-m **(correo electrónico)** pq **(por-que)** s priv **(es privado)**

Artemio: :-) **(bien)**

Pelusa: A2 **(adiós)**

Artemio: hsta mññ **(hasta mañana)**

4. 1. c); 2. e); 3. a); 4. b); 5. d).

5.

UNIDAD 40

2. a) verdadero; b) verdadero; c) verdadero.

3. 1 c); 2 a); 3 d); 4 b).

4. 5 –OBRAS Y REPARACIONES ¿Dígame?

3 –Buenos días señorita, ¿podría hablar con Castilla?

7 –No. Esto no es Castilla. Es Sevilla.

10 –¿Cómo dice? ¿No está Castilla?

1 –No, señor, no. Esto es SE-VI-LLA.

9 –Pero yo pregunto por Castilla, el señor Justo Castilla.

12 –Ah, perdone. Le había entendido mal. ¿El señor Castilla? ¿De qué departamento es?

14 –Del departamento de Reclamaciones.

4 –¿Del departamento de las Canciones? No, señor, aquí no tenemos ese departamento.

13 –No, del de las Canciones no. Del de RE-CLA-MA-CIO-NES.

6 –Disculpe, señor, es que le oigo mal. Reclamaciones, ¿verdad?

8 –Sí.

11 –Le paso.

2 –Gracias.

5. Acciones: **colga**r el teléfono, **de**scolgar, lla-**ma**r por teléfono, **marca**r un número de teléfono.

Tipos de teléfonos: **pú**blico, **fi**jo, **mó**vil, **ce**lular.

SOLUCIONES TEST AUTOEVALUACIÓN

1. b	7. a	13. c	19. b	25. b	31. c	37. c	43. a	49. b
2. a	8. b	14. b	20. c	26. a	32. c	38. a	44. b	50. b
3. a	9. a	15. a	21. c	27. b	33. a	39. b	45. a	51. a
4. b	10. c	16. c	22. a	28. a	34. b	40. c	46. c	52. b
5. c	11. b	17. c	23. c	29. b	35. b	41. a	47. a	
6. a	12. c	18. a	24. a	30. c	36. c	42. c	48. c	

GLOSARIO ALFABÉTICO

En este glosario se recogen los términos estudiados en las unidades, seguidos de líneas de puntos, con el fin de que el alumno escriba la traducción a su idioma correspondiente.

A la derecha (de) . . . .

A la izquierda (de) . . . .

A la plancha . . . .

A pie . . . .

A tiempo parcial . . . .

A tiempo completo . . . .

Abierto, a . . . .

Abogado, a . . . .

Abrazar . . . .

Abrigo . . . .

Abril . . . .

Abrocharse (el cinturón) . . . .

Abuelo, a . . . .

Academia . . . .

Aceite . . . .

Aceitera . . . .

Aceituna . . . .

Acera . . . .

Acostarse . . . .

Actividad . . . .

Actor . . . .

Actriz . . . .

Adiós . . . .

Administrativo, a . . . .

Aeropuerto . . . .

Afeitarse . . . .

Agenda . . . .

Agosto . . . .

Agradable . . . .

Agua . . . .

Agua mineral . . . .

Aire acondicionado . . . .

Ajo . . . .

Al lado (de) . . . .

Albañil . . . .

Alcohol . . . .

Alegre . . . .

Alergia . . . .

Alérgico, a . . . .

Alfombra . . . .

Alfombrilla . . . .

Almacenar . . . .

Almohada . . . .

Alojamiento y desayuno . . . .

Alojarse . . . .

Alquilar . . . .

Alquiler . . . .

Alto, a . . . .

Alumno, a . . . .

Amable . . . .

Amarillo, a . . . .

Ambulancia . . . .

Amueblado, a . . . .

Análisis de sangre . . . .

Andén . . . .

Anillo . . . .

Antibiótico . . . .

Antipático, a . . . .

Anular (una reserva) . . . .

Anuncio . . . .

Apagar (la luz) . . . .

Aparcamiento . . . .

Apartamento . . . .

Aperitivo . . . .

Aprender . . . .

Aprobar (un examen) . . . .

Araña . . . .

Árbol . . . .

Arco iris . . . .

Argentino, a . . . .

Armario . . . .

Armario de baño . . . .

Arroba . . . .

Arroz . . . .

Asado, a . . . .

Ascensor . . . .

Asiento . . . .

Aterrizaje . . . .

Aterrizar . . . .

Ático . . . .

Atleta . . . .

Atletismo . . . .

Atún . . . .

Autobús . . . .

Auxiliar de vuelo . . . .

Avión . . . .

Ayuntamiento . . . .

Azafata . . . .

Azúcar . . . .

Azucarero . . . .

Azul . . . .

Ayer . . . .

Bailar . . . .

Bajar . . . .

Bajito, a . . . .

Bajo, a . . . .

Balón . . . .

Baloncestista . . . .

Baloncesto . . . .

Banco (de sentarse) . . . .

Banco (de dinero) . . . .

Bandeja . . . .

Bañador . . . .

Bañarse . . . .

Bañera . . . .

Baño . . . .

Bar . . . .

Barba . . . .

Barco . . . .

Barra de un bar . . . .

Barra de pan . . . .

Barrio . . . .

Báscula . . . .

Bate . . . .

Beber . . . .

Bebida . . . .

Béisbol . . . .

Besar . . . .

Bicicleta . . . .

Bidé . . . .

Bigote . . . .

Billete . . . .

Billete de ida y vuelta . . . .

Biquini . . . .

Bisutería . . . .

Blanco, a . . . .

Blusa . . . .

Boca . . . .

Boca de metro . . . .

Bocadillo . . . .

Bolígrafo . . . .

Bolivia . . . .

Boliviano, a . . . .

Bolsa (de naranjas) . . . .

Bolso . . . .

Bombero, a . . . .

Borrador . . . .

Borrar . . . .

Bosque . . . .

Bota . . . .

Botella . . . .

Botones . . . .

Bragas . . . .

Brazo . . . .

Buen tiempo . . . .

Buenas noches . . . .

Buenos días . . . .

Bufanda . . . .

Caballo . . . .

Cabeza . . . .

Cabeza (de ajos) . . . .

Cabina de teléfono / telefónica . . . .

Cadena de váter . . . .

Café . . . .

Café con leche . . . .

Café solo . . . .

Cafetera . . . .

Cafetería . . . .

Cajero automático . . . .
Cajero, a . . . .
Cajón . . . .
Calcetín . . . .
Calefacción . . . .
Calendario . . . .
Calentar . . . .
Calle . . . .
Calor . . . .
Calvo, a . . . .
Calzoncillos . . . .
Cama . . . .
Cama de matrimonio . . . .
Cama individual . . . .
Camarero, a . . . .
Cambiar (las sábanas) . . . .
Camilla . . . .
Caminar . . . .
Camisa . . . .
Camiseta . . . .
Campo . . . .
Campo de fútbol . . . .
Canasta . . . .
Cancelación . . . .
Cancelar (una reserva) . . . .
Cancha . . . .
Canción . . . .
Cansado, a . . . .
Cantante . . . .
Cantar . . . .
Capaz . . . .
Cara . . . .
Carne . . . .
Carnicería . . . .
Carnicero, a . . . .
Carretera . . . .
Carrito . . . .
Carro . . . .
Carta . . . .
Casa . . . .
Casado, a . . . .

Cebolla . . . .
Celebrar . . . .
Cena . . . .
Cenar . . . .
Centro comercial . . . .
Centro de salud . . . .
Cepillarse . . . .
Cepillo de dientes . . . .
Cerdo, a . . . .
Cereales . . . .
Cerveza . . . .
Chalé . . . .
Champú . . . .
Chaqueta . . . .
Chat . . . .
Chatear . . . .
Chile . . . .
Chileno, a . . . .
Chimenea . . . .
Chocolate . . . .
Ciclismo . . . .
Ciclista . . . .
Cielo cubierto . . . .
Cielo despejado . . . .
Cine . . . .
Cinturón . . . .
Cinturón de seguridad . . . .
Circo . . . .
Cita . . . .
Clase . . . .
Cliente . . . .
Coche . . . .
Cocina . . . .
Cocinar . . . .
Cocinero, a . . . .
Cojín . . . .
Colchón . . . .
Colegio . . . .
Colgar el teléfono . . . .
Collar . . . .
Colombia . . . .

Colombiano, a . . . .

Colonia . . . .

Comedor . . . .

Comer . . . .

Cometer un error . . . .

Cómoda . . . .

Compañero . . . .

Compartir piso . . . .

Compra . . . .

Comprar . . . .

Comprender . . . .

Computadora . . . .

Comunicar (el teléfono) . . . .

Concierto . . . .

Conductor, a . . . .

Congelados . . . .

Conservar . . . .

Consigna . . . .

Consulta . . . .

Contaminar . . . .

Contento, a . . . .

Continente . . . .

Control (de seguridad, policial) . . . .

Copa (de vino) . . . .

Corbata . . . .

Cordero . . . .

Cordillera . . . .

Correr . . . .

Correr las cortinas . . . .

Cortina . . . .

Cortina de baño . . . .

Costa . . . .

Costa Rica . . . .

Costarricense . . . .

Crema . . . .

Cuaderno . . . .

Cuadro . . . .

Cuarto de baño . . . .

Cuba . . . .

Cubano, a . . . .

Cubiertos . . . .

Cuchara . . . .

Cuchillo . . . .

Cuello . . . .

Cuenta . . . .

Cuidarse . . . .

Cuñado, a . . . .

Currículum . . . .

De día . . . .

De noche . . . .

Debajo (de) . . . .

Deberes . . . .

Dedicarse (a) . . . .

Dedo . . . .

Dejar propina . . . .

Dejar un mensaje . . . .

Delgado, a . . . .

Dentro (de) . . . .

Dependiente, a . . . .

Deporte . . . .

Deportista . . . .

Deportivas . . . .

Desayunar . . . .

Desayuno . . . .

Descolgar el teléfono . . . .

Desempleado, a . . . .

Desempleo . . . .

Desierto . . . .

Desodorante . . . .

Despacho . . . .

Despegar . . . .

Despegue . . . .

Despertador . . . .

Destino . . . .

Día . . . .

Día de fiesta . . . .

Dibujar . . . .

Diccionario . . . .

Diciembre . . . .

Diente . . . .

Dinero . . . .

Dirección de correo electrónico . . . .

Dirección de Internet . . . .

Director, a . . . .

Discoteca . . . .

Disculpe . . . .

Divorciado, a . . . .

Docena (de huevos) . . . .

Doler . . . .

Dolor . . . .

Domingo . . . .

Dominicano, a . . . .

Dormir . . . .

Dormitorio . . . .

Ducha . . . .

Ducharse . . . .

Dúplex . . . .

Durar (un viaje) . . . .

Ecuador . . . .

Ecuatoriano, a . . . .

Edificio . . . .

Edredón . . . .

Egoísta . . . .

Ejecutivo, a . . . .

Ejercicio . . . .

Ejercicio físico . . . .

El Salvador . . . .

Embarcar . . . .

Empleo . . . .

En el centro (de) . . . .

Encender (la luz) . . . .

Encima (de) . . . .

Encontrarse bien / mal . . . .

En efectivo . . . .

Enero . . . .

Enfadado, a . . . .

Enfermedad . . . .

Enfermero, a . . . .

Enfermo, a . . . .

Enfrente (de) . . . .

Ensalada . . . .

Entender . . . .

Entre . . . .

Entrenar . . . .

Entrevista . . . .

Enviar (un mensaje) . . . .

Equilibrado, a . . . .

Equipaje . . . .

Equipaje de mano . . . .

Equipo de música . . . .

Error . . . .

Escaparate . . . .

Escobilla . . . .

Escribir . . . .

Escritor, a . . . .

Escuchar . . . .

Espaguetis . . . .

Espalda . . . .

España . . . .

Español, a . . . .

Espejo . . . .

Esponja . . . .

Esposo, a . . . .

Esquí . . . .

Esquiador, a . . . .

Esquiar . . . .

Esquina . . . .

Establecimiento . . . .

Estación . . . .

Estación de metro . . . .

Estación de tren . . . .

Estanco . . . .

Estantería . . . .

Estar en forma . . . .

Estatua . . . .

Este . . . .

Estómago . . . .

Estrella . . . .

Estropeado, a . . . .

Estudiar . . . .

Ex marido . . . .

Ex esposa / mujer . . . .

Examen . . . .

Examinar . . . .

Excursión . . . .

Experiencia . . . .

Exposición (de pintura) . . . .

Exterior . . . .

Factura . . . .

Facturar . . . .

Falda . . . .

Familia . . . .

Farmacia . . . .

Febrero . . . .

Feo . . . .

Fiebre . . . .

Fiesta . . . .

Filete (de ternera) . . . .

Flexo . . . .

Flor . . . .

Fontanero, a . . . .

Foro de discusión . . . .

Fotocopia . . . .

Fregadero . . . .

Fregar . . . .

Fresa . . . .

Frigorífico . . . .

Frío, a . . . .

Fruta . . . .

Frutería . . . .

Frutero, a . . . .

Fuerte . . . .

Fútbol . . . .

Futbolista . . . .

Gafas de sol . . . .

Galleta . . . .

Gallina . . . .

Gallo . . . .

Gamba . . . .

Ganar . . . .

Ganar (dinero) . . . .

Garaje . . . .

Garganta . . . .

Gasolina . . . .

Gato, a . . . .

Gel . . . .

Generoso, a . . . .

Gimnasio . . . .

Goma de borrar . . . .

Gordito, a . . . .

Gordo, a . . . .

Gorra . . . .

Granja . . . .

Grapa . . . .

Grapadora . . . .

Grapar . . . .

Gratis . . . .

Gratuito, a . . . .

Grave . . . .

Grifo . . . .

Gripe . . . .

Grupo . . . .

Guante . . . .

Guapo, a . . . .

Guatemala . . . .

Guatemalteco, a . . . .

Guinea Ecuatorial . . . .

Guineano, a . . . .

Guión . . . .

Guión bajo . . . .

Habitación . . . .

Habitación doble . . . .

Habitación individual . . . .

Hacer la cama . . . .

Hacer la compra . . . .

Hacer deporte . . . .

Hacer turismo . . . .

Hacer una llamada . . . .

Hambre . . . .

Heladera . . . .

Heladería . . . .

Heladero, a . . . .

Helado (de chocolate) . . . .

Helar . . . .

Hemisferio Norte . . . .

Hemisferio Sur . . . .

Hermano, a . . . .

Hielo . . . .

Hijo, a . . . .

Hijo único, a . . . .

Hoja . . . .

Hoja de papel . . . .

Hola . . . .

Hombre . . . .

Honduras . . . .

Hondureño, a . . . .

Hora . . . .

Horario . . . .

Horno . . . .

Hospital . . . .

Huevo . . . .

Huevo frito . . . .

Humano, a . . . .

Húmedo, a . . . .

Huso horario . . . .

Iglesia . . . .

Impresora . . . .

Infección . . . .

Información . . . .

Infusión . . . .

Ingrediente . . . .

Inodoro . . . .

Instrucción . . . .

Inteligente . . . .

Interior . . . .

Invierno . . . .

Ir a trabajar . . . .

Ir a la compra . . . .

Ir de compras . . . .

Isla . . . .

Jabón . . . .

Jamón (serrano) . . . .

Jardín . . . .

Jardinero, a . . . .

Jarra (de agua) . . . .

Jeans . . . .

Jefe, a . . . .

Jersey . . . .

Joven . . . .

Jubilado, a . . . .

Jueves . . . .

Jugador, a . . . .

Jugar . . . .

Jugo . . . .

Julio . . . .

Junio . . . .

Junto (a) . . . .

Kilo . . . .

Labio . . . .

Lago . . . .

Lámpara (de pie, de techo) . . . .

Largo, a . . . .

Lápiz . . . .

Lata . . . .

Lavabo . . . .

Lavadora . . . .

Lavaplatos . . . .

Lavar . . . .

Lavarse (el pelo, los dientes) . . . .

Lavavajillas . . . .

Leche . . . .

Lechuga . . . .

Leer . . . .

Levantarse . . . .

Libro . . . .

Lindo, a . . . .

Línea ocupada . . . .

Liso, a . . . .

Literatura . . . .

Litro . . . .

Llamada . . . .

Llamar (por teléfono) . . . .

Llave . . . .

Llegada . . . .

Llevar (un vestido, gafas) . . . .

Llover . . . .

Lluvia . . . .

Loncha (de jamón) . . . .

Loro, a . . . .

Lugar . . . .

Luna . . . .

Lunes . . . .

Luz . . . .

Macarrones . . . .

Madre . . . .

Maduro, a . . . .

Mal tiempo . . . .

Maleta . . . .

Mamá . . . .

Mano . . . .

Manta . . . .

Mantel . . . .

Mantequilla . . . .

Manzana . . . .

Mañana . . . .

Mapa . . . .

Maquinilla de afeitar . . . .

Mar . . . .

Marcar (un número de teléfono) . . . .

Marido . . . .

Martes . . . .

Marzo . . . .

Matrimonio . . . .

Mayo . . . .

Mayonesa . . . .

Mecánico, a . . . .

Media pensión . . . .

Medias . . . .

Medicamento . . . .

Medicina . . . .

Médico, a . . . .

Melón . . . .

Memorizar . . . .

Menestra de verduras . . . .

Mensaje . . . .

Menú del día . . . .

Mercado . . . .

Merluza . . . .

Mermelada . . . .

Mesa . . . .

Mesilla de noche . . . .

Metro . . . .

Mexicano, a . . . .

México . . . .

Mezquita . . . .

Microondas . . . .

Miércoles . . . .

Mochila . . . .

Montaña . . . .

Montar en bici . . . .

Morenito, a . . . .

Moreno, a . . . .

Mosca . . . .

Mosquito . . . .

Mostrador . . . .

Mostrador de facturación . . . .

Moto . . . .

Mudarse (de casa) . . . .

Mueble . . . .

Mujer . . . .

Mujer (= esposa) . . . .

Museo . . . .

Música . . . .

Musical . . . .

Nadador, a . . . .

Nadar . . . .

Naranja . . . .

Nariz . . . .

Natación . . . .

Navegar . . . .

Negro, a . . . .

Nervioso, a . . . .

Nevar . . . .

Nevera . . . .

Nicaragua . . . .

Nicaragüense . . . .

Niebla . . . .

Nieto, a . . . .

Nieve . . . .

Noche . . . .

Norte . . . .

Nota . . . .

Novela . . . .

Noviembre . . . .

Nube . . . .

Nublado . . . .

Nuboso . . . .

Nuera . . . .

Número de teléfono . . . .

Obra de teatro . . . .

Obrero, a . . . .

Océano . . . .

Octubre . . . .

Oeste . . . .

Oferta de trabajo . . . .

Oficina . . . .

Oficina de empleo . . . .

Oído . . . .

Ojo . . . .

Ola . . . .

Ópera . . . .

Optimista . . . .

Ordenado, a . . . .

Ordenador . . . .

Oreja . . . .

Otoño . . . .

Paciente . . . .

Padre . . . .

Página web . . . .

País . . . .

Paisaje . . . .

Pájaro . . . .

Pan . . . .

Panadería . . . .

Panadero, a . . . .

Panamá . . . .

Panameño, a . . . .

Pantalla . . . .

Pantalones . . . .

Pañuelo . . . .

Papá . . . .

Papel . . . .

Papel higiénico . . . .

Papelera . . . .

Paquete (de salchichas) . . . .

Parada (de autobús, de taxi) . . . .

Paraguas . . . .

Paraguay . . . .

Paraguayo, a . . . .

Pared . . . .

Paro . . . .

Parque . . . .

Parque de atracciones . . . .

Pasajero . . . .

Pasaporte . . . .

Pasar . . . .

Pasillo . . . .

Pasta . . . .

Pasta de dientes . . . .

Pastilla . . . .

Patata . . . .

Peca . . . .

Pedir una cita . . . .

Peinarse . . . .

Peine . . . .

Película . . . .

Pelo (corto, largo, liso, moreno, rizado) . . . . .

Pelota . . . .

Peluquería . . . .

Peluquero, a . . . .

Pendiente . . . .

Pensión completa . . . .

Pera . . . .

Perchero . . . .

Perejil . . . .

Periódico . . . .

Periodista . . . .

Perro, a . . . .

Persiana . . . .

Perú . . . .

Peruano, a . . . .

Pesarse . . . .

Pescadería . . . .

Pescadero, a . . . .

Pescado . . . .

Pesimista . . . .

Pez . . . .

Piano . . . .

Picar (algo de comer) . . . .

Pie . . . .

Piel . . . .

Pierna . . . .

Pijama . . . .

Piloto . . . .

Pincho de tortilla . . . .

Piña . . . .

Piscina . . . .

Piso . . . .

Pizarra . . . .

Pizzero, a . . . .

Planeta . . . .

Planta . . . .

Plátano . . . .

Plato (del día, combinado) . . . .

Plato (hondo, llano, de postre) . . . .

Playa . . . .

Plaza . . . .

Plaza de garaje . . . .

Poesía . . . .

Policía . . . .

Polideportivo . . . .

Pollo . . . .

Poner el despertador . . . .

Poner la lavadora . . . .

Poner la mesa . . . .

Ponerse (un traje) . . . .

Por la mañana . . . .

Por la noche . . . .

Por la tarde . . . .

Porche . . . .

Portería . . . .

Postre . . . .

Practicar . . . .

Preguntar . . . .

Preocupado, a . . . .

Preparar (la cena) . . . .

Presentar (el pasaporte) . . . .

Primavera . . . .

Primer plato . . . .

Primo, a . . . .

Probador . . . .

Probarse ropa . . . .

Profesión . . . .

Profesor, a . . . .

Propina . . . .

Prudente . . . .

Prueba . . . .

Pueblo . . . .

Puerta . . . .

Puerta de embarque . . . .

Puerto . . . .

Puerto Rico . . . .

Puertorriqueño, a . . . .

Puesto de trabajo . . . .

Pulsera . . . .

Punto . . . .

Puntual . . . .

Puré . . . .

Quedar con . . . .

Queso . . . .

Quiosco . . . .

Quitar (la mesa) . . . .

Quitarse (ropa) . . . .

Radio . . . .

Raqueta . . . .

Ratón . . . .

Recepción . . . .

Recepcionista . . . .

Receta . . . .

Recetar . . . .

Recibidor . . . .

Recibir un mensaje . . . .

Recoger (el equipaje, la mesa) . . . .

Red . . . .

Refresco . . . .

Regar . . . .

Región . . . .

Relámpago . . . .

Reloj . . . .

Repasar . . . .

República Dominicana . . . .

Reserva . . . .

Reservado, a . . . .

Reservar (una habitación, una mesa) . . . .

. . . .

Retraso . . . .

Retrete . . . .

Reunión . . . .

Reunirse . . . .

Revisor, a . . . .

Río . . . .

Rizado, a . . . .

Ropa . . . .

Rojo, a . . . .

Ropa interior . . . .

Rotulador . . . .

Rubio, a . . . .

Sábado . . . .

Sábana . . . .

Saber . . . .

Sacapuntas . . . .

Sacar (al perro) . . . .

Sala de espera . . . .

Salami . . . .

Salario . . . .

Salchicha . . . .

Salero . . . .

Salida . . . .

Salida de emergencia . . . .

Salir . . . .

Salmón . . . .

Salón comedor . . . .

Salsa . . . .

Salvadoreño, a . . . .

Sandía . . . .

Sándwich . . . .

Sándwich mixto . . . .

Sangre . . . .

Sano, a . . . .

Sardina . . . .

Satélite . . . .

Secador . . . .

Secarse (el pelo) . . . .

Seco, a . . . .

Sed . . . .

Segundo plato . . . .

Seguridad . . . .

Senderismo . . . .

Sensible . . . .

Sentarse . . . .

Sentirse bien / mal . . . .

Separado, a . . . .

Septiembre . . . .

Serio, a . . . .

Servicio de habitaciones . . . .

Servilleta . . . .

Silla . . . .

Sillón . . . .

Simpático, a . . . .

Sinagoga . . . .

Sistema anti-virus . . . .

Sobre . . . .

Sobrino, a . . . .

Sociable . . . .

Sofá . . . .

Sol . . . .

Soltero, a . . . .

Sombrero . . . .

Sopa . . . .

Subir . . . .

Sueldo . . . .

Suelo . . . .

Sueño . . . .

Sujetador . . . .

Suplemento . . . .

Sur . . . .

Suspender (un examen) . . . .

Tango . . . .

Taquilla . . . .

Tarde . . . .

Tarjeta de crédito . . . .

Tarjeta de embarque . . . .

Tarrina (de mantequilla) . . . .

Tarro (de mermelada) . . . .

Tarta (de manzana) . . . .

Taxi . . . .

Taxista . . . .

Taza . . . .

Taza de váter . . . .

Té . . . .

Teatro . . . .

Techo . . . .

Teclado . . . .

Teléfono . . . .

Teléfono celular . . . .

Teléfono móvil . . . .

Teléfono público . . . .

Televisión . . . .

Televisor . . . .

Temperatura . . . .

Templado . . . .

Temporada (alta / baja) . . . .

Tenedor . . . .

Tener (sed, hambre) . . . .

Tener buen / mal humor . . . .

Tenis . . . .

Tenista . . . .

Tensión (alta / baja) . . . .

Terminal . . . .

Termómetro . . . .

Ternera . . . .

Terraza . . . .

Tiempo . . . .

Tiempo atmosférico . . . .

Tiempo libre . . . .

Tierra . . . .

Tijeras . . . .

Tímido, a . . . .

Tío, a . . . .

Tirar de la cadena . . . .

Tiza . . . .

Toalla (de baño, de lavabo) . . . .

Tocar . . . .

Tocar (la guitarra) . . . .

Tolerante . . . .

Tomar (la tensión, la temperatura) . . . .

Tomar algo . . . .

Tomar nota . . . .

Tomate . . . .

Tormenta . . . .

Tortilla . . . .

Tos . . . .

Trabajador, a . . . .

Trabajar . . . .

Trabajo . . . .

Traje . . . .

Tranquilo, a . . . .

Trastero . . . .

Trayecto . . . .

Tren . . . .

Tripulación . . . .

Triste . . . .

Turismo . . . .

Ultramarinos . . . .

Urgencias . . . .

Uruguay . . . .

Uruguayo, a . . . .

Vaca . . . .

Vacaciones . . . .

Valija . . . .

Valle . . . .

Vaqueros . . . .

Variable . . . .

Vaso . . . .

Vegetariano, a . . . .

Venezolano, a . . . .

Venezuela . . . .

Ventana . . . .

Ventanilla . . . .

Ver (la televisión) . . . .

Verano . . . .

Verde . . . .

Verdulería . . . .

Verdura . . . .

Vereda . . . .

Vestido . . . .

Vestir . . . .

Veterinario, a . . . .

Vía . . . .

Viaje . . . .

Vida . . . .

Viejo, a . . . .

Viento . . . .

Viernes . . . .

Vinagrera . . . .

Vinagre . . . .

Vino . . . .

Vino (blanco) . . . .

Violeta . . . .

Violín . . . .

Virus . . . .

Vistas (al mar) . . . .

Vivir . . . .

Volcán . . . .

Vuelo . . . .

Yerno . . . .

Yogur . . . .

Zanahoria . . . .

Zapatería . . . .

Zapatilla . . . .

Zapato . . . .

Zona . . . .

Zona horaria . . . .

Zoo . . . .

Zumo . . . .

ALIMENTACIÓN

Alimentos

Unidades 21 y 22

Aceite
Aceituna
Ajo
Atún
Azúcar
Barra de pan
Bocadillo
Bolsa de naranjas
Botella de leche
Cabeza de ajos
Café
Carne
Carnicería
Carnicero, a
Cebolla
Cerdo
Cereales
Chocolate
Compra
Comprar
Congelados
Cordero
Docena de huevos
Espaguetis
Filete de ternera
Fresa
Fruta
Frutería
Frutero, a
Galleta
Gamba
Heladera
Heladería
Heladero, a
Helado
Huevo
Ir a la compra

Jamón serrano
Kilo
Lata de refresco
Leche
Lechuga
Litro
Loncha de jamón / queso
Macarrones
Mantequilla
Manzana
Melón
Mercado
Merluza
Mermelada
Naranja
Nevera
Pan
Panadería
Panadero
Paquete de salchichas
Pasta
Patata
Pera
Perejil
Pescadería
Pescadero, a
Pescado
Piña
Plátano
Queso
Queso fresco
Refresco
Salami
Salchicha
Salmón
Sandía
Sándwich
Sardina
Tarrina de mantequilla
Tarro de mermelada
Ternera

Tomate
Ultramarinos
Vegetariano, a
Verdulería
Verdura
Vino
Yogur natural / de fresa
Zanahoria

(En el) restaurante

Unidad 24

A la plancha
Aceitunas
Agua mineral
Aperitivo
Arroz
Asado, a
Bar
Barra de un bar
Beber
Bebida
Café
Café con leche
Café solo
Camarero, a
Carta
Cenar
Cerveza
Chocolate
Comer
Cuenta
Dejar propina
Desayuno
Ensalada
Espaguetis
Filete de ternera
Fruta
Galleta
Gamba
Hambre

Helado de chocolate / de vainilla
Huevo frito
Infusión
Ingrediente
Jugo
Leche
Mayonesa
Melón
Menestra de verduras
Menú del día
Merluza
Pasta
Patata
Pedir la cuenta
Pescado
Picar algo de comer
Pincho de tortilla
Plato del día / combinado
Pollo
Postre
Primer plato
Propina
Queso
Reservar una mesa
Salsa de tomate
Sándwich mixto
Sardina
Sed
Segundo plato
Sopa
Tarta de chocolate / de manzana
Té
Tener sed / hambre
Ternera
Tomar algo
Tomar nota
Tortilla
Traer la cuenta
Vegetariano, a
Verdura

Vino blanco
Yogur
Zumo

Utensilios de cocina y de mesa

Unidad 23

Aceitera
Azúcar
Azucarero
Bandeja
Botella
Café
Cafetera
Copa (de vino)
Cubiertos
Cuchara
Cuchillo
Ensalada
Helado
Jarra (de agua)
Lata
Mantel
Mesa
Pasar
Plato hondo / llano / de postre
Poner la mesa
Postre
Puré
Quitar la mesa
Recoger la mesa
Salero
Servilleta
Sopa
Tarro
Taza
Tenedor
Vaso
Vinagre
Vinagrera

CELEBRACIONES

Unidad 5

Celebrar
Día de fiesta
Fiesta

CIUDAD

Unidad 32

Acera
Aparcamiento
Ayuntamiento
Banco
Bar
Barrio
Boca de metro
Cafetería
Cajero automático
Calle
Campo
Carretera
Centro comercial
Colegio
Edificio
Escultura
Esquina
Establecimiento
Estación de metro
Estanco
Estatua
Iglesia
Lugar
Mezquita
Parada de autobús / de taxi
Parque
Peluquería
Plaza
Pueblo
Quiosco
Sinagoga
Vereda

COLORES

Unidad 8

Amarillo, a
Azul
Blanco, a
Naranja
Negro, a
Rojo, a
Verde
Violeta

COMPRAS Y TIENDAS

Complementos y calzados

Unidad 31

Anillo
Bisutería
Bolso
Bota
Bufanda
Cinturón
Collar
Corbata
Deportivas
Escaparate
Gafas de sol
Gorra
Guante
Mochila
Pañuelo
Paraguas
Pendiente
Pulsera
Reloj
Sombrero
Zapatería
Zapatilla
Zapato

Ropa

Unidad 30

Abrigo
Bañador
Biquini
Blusa
Bragas
Calcetín
Calzoncillos
Camisa
Camiseta
Chaqueta
Falda
Hombre
Jeans
Jersey
Llevar (un vestido)
Medias
Mujer
Pantalones
Pijama
Ponerse (un traje)
Probador
Probarse (ropa)
Quitarse (ropa)
Ropa interior
Sujetador
Traje
Vaqueros
Vestido
Vestir

EDUCACIÓN

Objetos y acciones del aula

Unidad 7

Academia
Actividad
Alumno, a
Aprender

Aprobar un examen
Bolígrafo
Borrador
Borrar
Clase
Cometer un error
Compañero, a
Comprender
Cuaderno
Deberes
Dibujar
Diccionario
Ejercicio
Entender
Error
Escribir
Escuchar
Estudiar
Examen
Goma de borrar
Hacer los deberes
Hoja de papel
Lápiz
Libro
Mapa
Memorizar
Nota
Pizarra
Practicar
Preguntar
Profesor, a
Prueba
Repasar
Saber
Sacapuntas
Suspender un examen
Tener un examen
Trabajar en grupo
Tiza
Espacio urbano

FECHA Y HORA

Días de la semana

Unidad 5

Lunes

Martes

Miércoles

Jueves

Viernes

Sábado

Domingo

Hora

Unidad 6

De día

De noche

Hora

Huso horario

¿Qué hora es?

Reloj

Zona horaria

Meses

Unidad 5

Enero

Febrero

Marzo

Abril

Mayo

Junio

Julio

Agosto

Septiembre

Octubre

Noviembre

Diciembre

GEOGRAFÍA Y NATURALEZA

Accidentes geográficos

Unidad 11

Agua

Bosque

Continente

Cordillera

Costa

Desierto

Este

Frío, a

Húmedo, a

Interior

Isla

Lago

Mar

Montaña

Norte

Océano

Oeste

Ola

País

Paisaje

Playa

Región

Río

Seco, a

Sur

Valle

Volcán

Zona

Animales y plantas

Unidad 10

Araña

Árbol

Caballo

Cerdo, a

Flor

Gallina

Gallo

Gato, a

Granja

Hoja

Loro, a

Mosca

Mosquito

Pájaro

Perro, a

Pez

Planta

Regar

Vaca

Estaciones

Unidad 9

Ecuador

Estación

Estrella

Hemisferio Norte

Hemisferio Sur

Invierno

Luna

Otoño

Planeta

Primavera

Satélite

Sol

Tierra

Verano

Fenómenos atmosféricos

Unidad 8

Arco iris

Bajar la temperatura

Buen tiempo

Calor
Cielo cubierto
Cielo despejado
Frío
Helar
Hielo
Llover
Lluvia
Mal tiempo
Nevar
Niebla
Nieve
Nube
Nublado
Nuboso
Relámpago
Sol
Subir la temperatura
Temperatura
Templado
Tiempo atmosférico
Tormenta
Variable
Viento

INDIVIDUO Y RELACIONES PERSONALES

Acciones cotidianas

Unidad 12

Acostarse
Cena
Cenar
Comer
Desayunar
Ducharse
Escuchar música / la radio
Estudiar
Gimnasio
Hacer la cama / la compra

Ir a trabajar / al gimnasio
Leer una revista / un libro
Levantarse
Por la mañana
Por la noche
Por la tarde
Preparar la cena
Reunirse
Sacar al perro
Salir
Trabajar
Ver la televisión

Carácter

Unidad 15

Abierto, a
Agradable
Alegre
Amable
Antipático, a
Capaz
Contento, a
Egoísta
Enfadado, a
Equilibrado, a
Generoso, a
Humano, a
Inteligente
Maduro, a
Nervioso, a
Optimista
Ordenado, a
Pesimista
Preocupado, a
Prudente
Puntual
Reservado, a
Sensible
Serio, a
Simpático, a
Sociable

Tener buen / mal humor
Tímido, a
Tolerante
Trabajador, a
Tranquilo, a
Triste

Descripción física

Unidad 14

Alto, a
Bajito, a
Bajo, a
Barba
Bigote
Calvo, a
Delgado, a
Feo
Fuerte
Gordito, a
Gordo, a
Guapo, a
Joven
Lindo, a
Llevar bigote / barba
Llevar gafas
Morenito, a
Moreno, a
Peca
Pelo corto
Pelo largo
Pelo liso
Pelo moreno
Pelo rizado
Rubio, a
Viejo, a

Familia

Unidad 13

Abuelo, a
Casado, a

Cuñado, a
Divorciado, a
Esposo, a
Ex marido
Ex mujer
Familia
Hermano, a
Hijo, a
Hijo único, a
Madre
Mamá
Marido
Matrimonio
Mujer (= esposa)
Nieto, a
Nuera
Padre
Papá
Primo, a
Separado, a
Sobrino, a
Soltero, a
Tío, a
Yerno

INFORMACIÓN Y MEDIOS DE COMUNICACIÓN

Internet

Unidad 39

Arroba
Chat
Chatear
Dirección de correo electrónico
Dirección de Internet
Enviar un mensaje
Foro de discusión
Guión
Guión bajo

Mensaje
Navegar
Página web
Punto
Recibir un mensaje
Red
Sistema anti-virus
Virus

Teléfono

Unidad 40

Cabina de teléfono / telefónica
Colgar el teléfono
Está comunicando / comunica
Dejar un mensaje
Descolgar el teléfono
Enviar un mensaje
Hacer una llamada
Línea ocupada
Llamada
Llamar por teléfono
Marcar un número de teléfono
Número equivocado
Teléfono celular
Teléfono estropeado
Teléfono móvil
Teléfono público

Localización

Unidad 18

A la derecha (de)
A la izquierda (de)
Al lado (de)
Debajo (de)
Dentro (de)
En el centro (de)
Encima (de)
Enfrente (de)
Entre

Junto (a)
Sobre

Números ordinales y cardinales

Unidades 3 y 4

OCIO

Aficiones y espectáculos

Unidad 37

Actor
Bailar
Canción
Cantante
Cantar
Cine
Circo
Concierto
Director, a
Discoteca
Escuchar
Excursión
Exposición de pintura
Grupo de rock
Ir de compras
Leer
Literatura
Museo
Música
Musical
Novela
Obra de teatro
Ópera
Parque de atracciones
Película
Piano
Poesía
Quedar con gente
Rock
Salsa

Tango
Teatro
Tiempo libre
Tocar un instrumento
Violín
Zoo

Deportes

Unidad 38

Atleta
Atletismo
Balón
Baloncestista
Baloncesto
Bate
Béisbol
Bicicleta
Caminar
Campo de fútbol
Canasta
Cancha
Ciclismo
Ciclista
Correr
Deporte
Deportista
Ejercicio físico
Entrenar
Esquí
Esquiador, a
Esquiar
Estar en forma
Fútbol
Futbolista
Ganar
Gimnasio
Hacer deporte
Hacer senderismo
Jugador
Jugar

Montar en bici
Nadador, a
Nadar
Natación
Pelota
Piscina
Polideportivo
Portería
Practicar
Raqueta
Senderismo
Tenis
Tenista

Países de habla hispana y nacionalidades

Unidad 1

Argentino, a
Bolivia
Boliviano, a
Chile
Chileno, a
Colombia
Colombiano, a
Costa Rica
Costarricense
Cuba
Cubano, a
Dominicano, a
Ecuador
Ecuatoriano, a
El Salvador
España
Español, a
Guatemala
Guatemalteco, a
Guinea Ecuatorial
Guineano, a
Honduras
Hondureño, a
Mexicano, a

México
Nicaragua
Nicaragüense
Panamá
Panameño, a
Paraguay
Paraguayo, a
Perú
Peruano, a
Puerto Rico
Puertorriqueño, a
República Dominicana
Salvadoreño, a
Uruguay
Uruguayo, a
Venezolano, a
Venezuela

RELACIONES SOCIALES

Saludos

Unidad 2

Adiós
Buenas noches
Buenos días
¿Cómo estás?
Dar la mano
Dar un abrazo
Dar un beso
De nada
Disculpe
El gusto es mío
Encantado de conocerle
Hola
Muchas gracias
(Con) mucho gusto
Muy bien, gracias
Perdón
Por favor
Tanto gusto

SALUD E HIGIENE

(En el) centro de salud

Unidad 20

Alcohol
Alergia
Alérgico, a
Ambulancia
Análisis de sangre
Antibiótico
Cabeza
Camilla
Cansado, a
Centro de salud
Cita
Consulta
Doler
Dolor
Encontrarse bien / mal
Enfermedad
Enfermo, a
Estómago
Examinar
Farmacia
Fiebre
Garganta
Grave
Gripe
Hospital
Infección
Medicamento
Medicina
Oído
Paciente
Pastilla
Pedir cita
Receta
Recetar
Sala de espera
Sangre
Sano, a

Sentirse bien / mal
Temperatura
Tensión alta / baja
Termómetro
Tomar la tensión / la temperatura
Tos
Urgencias
Vida

Cuerpo e higiene personal

Unidad 19

Afeitarse
Bañarse
Bañera
Baño
Barba
Boca
Brazo
Cabeza
Cara
Cepillarse los dientes
Cepillo de dientes
Champú
Colonia
Crema
Cuello
Cuidarse
Dedo
Desodorante
Diente
Ducharse
Espalda
Esponja
Gel
Jabón
Labios
Lavarse los dientes / el pelo
Mano
Maquinilla de afeitar

Nariz
Ojo
Oreja
Pasta de dientes
Peinarse
Peine
Pelo
Pie
Piel
Pierna
Secador
Secarse el pelo
Tijeras

TRABAJO

(En la) oficina

Unidad 18

A la derecha (de)
A la izquierda (de)
Agenda
Al lado (de)
Alfombrilla
Cajón
Calendario
Cliente
Computadora
Debajo (de)
Dentro (de)
En el centro (de)
Encima (de)
Enfrente (de)
Entre
Factura
Fax
Flexo
Fotocopia
Grapa
Grapadora
Grapar

Impresora
Junto (a)
Mesa
Oficina
Ordenador
Pantalla
Papel
Papelera
Perchero
Ratón
Reunión
Rotulador
Silla
Sobre
Teclado
Teléfono

Profesiones

Unidades 16 y 17

A tiempo completo
A tiempo parcial
Abogado, a
Actor
Actriz
Administrativo, a
Albañil
Anuncio
Bombero, a
Cajero, a
Camarero, a
Cocinero, a
Conductor, a
Currículum
Dedicarse (a)
Dependiente, a
Desempleado, a
Desempleo
Dinero
Ejecutivo, a
Empleo

Enfermero, a
Entrevista
Escritor, a
Experiencia
Fontanero, a
Ganar dinero
Horario
Jardinero, a
Jefe, a
Jubilado, a
Mecánico, a
Médico, a
Obrero, a
Oferta de trabajo
Oficina de empleo
Paro
Peluquero, a
Periódico
Periodista
Pizzero, a
Policía
Profesión
Profesor, a
Propina
Puesto de trabajo
Salario
Sueldo
Taxista
Trabajar
Trabajo
Vacaciones
Veterinario, a

VIAJES, TRANSPORTES Y ALOJAMIENTO

(En el) hotel

Unidad 36

Aire acondicionado
Alojamiento y desayuno
Alojarse

Anular una reserva
Aparcamiento
Ascensor
Botones
Cama de matrimonio
Cama individual
Cancelación
Cancelar una reserva
En efectivo
Factura
Gratis
Gratuito, a
Habitación
Habitación doble
Habitación individual
Hacer una reserva
Hacer turismo
Llave
Media pensión
Mostrador
Pensión completa
Propina
Recepción
Recepcionista
Reserva
Reservar una habitación
Servicio de habitaciones
Suplemento
Tarjeta de crédito
Temporada alta / baja
Turismo

Medios de transporte

Unidades 33, 34 y 35

A pie
Abrocharse (el cinturón)
Aeropuerto
Andén
Ascensor
Asiento
Aterrizar

Aterrizaje
Autobús
Auxiliar de vuelo
Avión
Azafata
Barco
Bicicleta
Billete
Billete de ida y vuelta
Carrito
Carro
Cinturón de seguridad
Coche
Consigna
Contaminar
Control de seguridad / policial
Despegar
Despegue
Destino
Durar (un viaje)
Embarcar
Equipaje
Equipaje de mano
Estación de tren
Facturar
Gasolina
Horario
Información
Instrucción
Llegada
Maleta
Metro
Mostrador de facturación
Moto
Pantalla
Pasajero
Pasaporte
Piloto
Presentar el pasaporte
Puerta de embarque

Puerto
Recoger el equipaje
Retraso
Revisor
Salida
Salida de emergencia
Seguridad
Taquilla
Tarjeta de embarque
Taxi
Terminal
Trayecto
Tren
Tripulación
Valija
Ventanilla
Vía
Viaje
Vuelo

VIVIENDA

Casa
Unidad 25

Alquilar
Alquiler
Amueblado, a
Apartamento
Ascensor
Ático
Baño
Calefacción
Casa
Chalé
Chimenea
Cocina
Comedor
Compartir piso
Cuarto de baño
Despacho
Dormitorio

Dúplex
Exterior
Garaje
Jardín
Mudarse de casa
Pared
Pasillo
Piscina
Piso
Plaza de garaje
Porche
Puerta
Recibidor
Salón comedor
Terraza
Trastero
Ventana
Vistas al mar
Vivir

Cocina
Unidad 26

Almacenar
Armario
Calentar
Cocinar
Conservar
Fregadero
Fregar
Frigorífico
Grifo
Heladera
Horno
Lavadora
Lavaplatos
Lavar
Lavavajillas
Microondas
Nevera
Poner la lavadora / el lavaplatos

Cuarto de baño

Unidad 28

Armario de baño
Bañera
Báscula
Bidé
Cadena
Cortina de baño
Ducha
Ducharse
Escobilla
Espejo
Inodoro
Lavabo
Lavarse
Papel higiénico
Pesarse
Retrete
Secarse
Taza de váter
Tirar de la cadena
Toalla de baño / de lavabo

Dormitorio

Unidad 29

Almohada
Armario
Cama
Cambiar las sábanas
Cajón
Colchón
Cómoda
Correr las cortinas
Cortina
Despertador
Dormir
Edredón
Hacer la cama
Manta
Mesilla de noche
Persiana
Poner el despertador
Sábana
Tener sueño

Salón

Unidad 27

Alfombra
Apagar la luz
Chimenea
Cojín
Cuadro
Encender la luz
Equipo de música
Escuchar música / la radio
Estantería
Lámpara de pie / de techo
Luz
Mueble
Pared
Piso
Radio
Sentarse
Sillón
Sofá
Suelo
Techo
Televisión
Televisor
Ver la televisión